A ligação

FÓSFORO

KATHARINA VOLCKMER

A ligação

(ou Uma transa gostosa)

Tradução do inglês por
ÉRIKA NOGUEIRA VIEIRA

Para Maurizio. Com amor.

Em memória de Adeline Stuart-Watt.

Em vez de cometer suicídio, as pessoas vão para o trabalho.

Thomas Bernhard, *Korrektur*

SE VOCÊ VAI SE CAGAR, O MAIS PROVÁVEL É que isso aconteça na porta da sua casa. Igual ao seu gato que, na volta do veterinário, de repente fica violento dentro da caixinha — pressentindo sua liberdade iminente e os cheiros de um território pelo qual já travou muitas batalhas sórdidas —, seu intestino também vai se entregar bem na hora em que você conseguir vislumbrar o conforto do assento de uma privada conhecida. O toque suave de um apetrecho desenvolvido para nossas necessidades mais particulares. O espaço delicioso que apenas uma porta trancada é capaz de proporcionar. A quietude sem a qual Jimmie costumava se sentir tão exposto. E igual ao gato que já não sente a obrigação de se comportar longe das restrições de um mundo desconhecido, seu corpo também vai sucumbir, sabendo que do outro lado da porta não há ninguém com quem você se importe o bastante a ponto de detê-lo da mais vil de todas as violações de higiene. Essa perda de autocontrole que tornaria qualquer pessoa penosamente intrepável. Um ato de submissão que atiça apenas os perturbados, aqueles homens ricos que fazem profissionais do sexo comerem curry para cagar mais rápido. Mas até esses homens podem ter dificuldade em sentir tesão por uma calça cagada, porque ninguém sente tesão por fiascos.

Jimmie olhou para os cachorros e os bebês caros do ônibus que pegara para ir ao trabalho, imaginando se eles estavam todos equipados com fraldas especiais que alertariam imediatamente os donos no caso de uma desgraça. Blindando-os do nosso medo primordial de excrementos e das doenças que carregam, do pavor que sentimos do nosso corpo. O instinto que nos diz que isso é muito pior que fazer xixi na cama, que nunca nenhum trauma de infância vai ser comovente o bastante para justificar aquelas manchas marrons. Porque as manchas são para gente velha e degenerada em asilos, ou para as pessoas que Jimmie às vezes via no caminho daquele ônibus. Corpos que tinham perdido a batalha contra seus próprios fluidos, a um passo da desgraça definitiva. As manchas são a exata cor da morte. Funções corporais decadentes, a qualquer momento encobertas por flores e lamentos.

Se a coisa for feita direito — e não for só um estrangulamento mal executado envolvendo algum toalheiro térmico —, você vai se cagar caso seja enforcado. Ou caso você mesmo se enforque, dependendo da situação. O que vai revelar a verdade por trás do último baque, só um pouco disfarçado pelo estalar de um pescoço. Essa era uma das melhores histórias da mãe dele, uma vizinha da sua terra que não tinha conseguido dar cabo da vida daquele jeito. Preguiçosa demais para subir numa cadeira e usar alguma coisa para se enganchar, ela tentou se safar desabando no chão do banheiro, a coleira velha do cachorro em volta do pescoço, presa ao toalheiro térmico. Jimmie entendia a humilhação da mulher. Sabia que o próprio corpo também teria sido desajeitado demais para desempenhar esse ato aparentemente impossível de estrangulamento. Seu peso teria arrancado o toalheiro térmico da parede antes que qualquer perda de consciência pudesse libertá-lo. As inevitáveis rachaduras revelariam o apodrecimento nas estruturas da casa. Sua mãe estava certa. Não havia nada de delicado nos últimos momentos, assim como não havia nada de delicado em seu apuro atual, já que não há beleza em um coração perdido. Como um animal noturno arrastado para fora da toca e deixado à mercê das forças que operam à luz do dia, Jimmie tinha esquecido como se mover com graça.

Se ele lembrava bem, ainda não tinha sentido vontade de morrer naquele dia, ou pelo menos não a ponto de considerar todas as opções possíveis e o impacto delas no seu resto de dignidade. Aquilo tinha sido antes de ele se ver pegando esse ônibus para o trabalho todas as manhãs, antes dos cachorros e bebês de pais ricos e veículos que o faziam se sentir pobre. Antes de ele saber que seus desejos não tinham o menor respeito por seus sentimentos e que o cinto de segurança do avião não está lá para nos manter seguros, mas para facilitar a identificação dos corpos em caso de desastre.

Naquele dia, bem quando tentava enfiar a chave na fechadura, sem nunca lembrar qual era a da porta da frente, ele sentiu os músculos fraquejarem. Era como se seu corpo tivesse decidido assumir a narrativa, contar a história para a qual sua cabeça nunca encontraria as palavras certas. Tinha decidido reagir antes que ele pudesse entender o que havia de fato acontecido na funerária. Jimmie nunca achou que controlava muito as coisas e, como uma confirmação disso, de repente notou o tipo errado de calor entre as nádegas. Era a confirmação de que a vida não é só uma piada maldosa, porque de uma piada maldosa pelo menos dá para achar graça.

Mas não havia graça nenhuma em sentir a própria merda escorrendo na parte de dentro da perna, prestes a escapar e aterrissar no capacho da sua mãe, em sentir medo de ter perdido a carteira e a mecha de cabelo do defunto que ele guardara ali para proteger. Aquilo foi antes de Elin conseguir lhe dizer que — na falta de uma calça — a alça de um sutiã serve melhor de local de armazenamento do que a manga de um vestido. Que todos os elásticos são criaturas traiçoeiras e que o bolso é uma parte essencial da revolução das mulheres. Também não havia por que chorar, já que aquilo não era um sintoma de um problema real: sua perna logo daria pinta de que ele estava usando um uniforme nazista desgrenhado por debaixo do velho e enorme vestido de verão da sua mãe, se perguntando que partes da sua dieta despropositada tinham voltado a encontrar o caminho para a liberdade.

Tudo isso estava no passado agora, tão distante quanto sua juventude ou a última vez que ele vira a mãe sorrir. Inalcançável, como a noção de prazer quando você está indo para o trabalho. Agora, como vinha fazendo havia muitos dias, Jimmie se preparava para se tornar a pessoa que seus colegas esperavam ver, e enquanto encarava os outros no ônibus, todos tentando existir num espaço que preferiam não compartilhar, tentando evitar as memórias que seus corpos tinham produzido, ele finalmente entendeu que aquilo não tinha sido nada. Um vácuo. Uma escuridão impenetrável onde a única coisa que ele conseguia distinguir eram as reações enfurecidas do seu corpo à sua existência patética. Nada além do silêncio de suas próprias ambições.

Um dia

"Obrigado por aguardar. Meu nome é Jimmie. Como posso ajudar?"

"Sabe aquele negócio dos tubarões? Que eles conseguem farejar uma gota de sangue a quilômetros de distância? Eu tenho um problema de pele que faz eu me coçar um monte, você tem como garantir que vou ficar seguro nas águas ao redor de Míconos?"

"Está ciente que Míconos fica na Grécia, senhor?"

"Então você tá falando que não tem tubarões no Mediterrâneo?"

O batom começou a empelotar nos cantos da boca de Jimmie. O batom vermelho barato que ele queria que seu amante visse. Ele o roubara de uma das muitas caixinhas do quarto da mãe na noite anterior, quando chegara em casa do trabalho e a encontrara dormindo. Sua mãe, a Signora. A viúva mais enviuvada de todas. A senhora italiana com o sobrenome difícil de pronunciar direito. Bevilacqua. A maior parte da vida adormecida, temendo as cores fora de seu quarto, eternamente apaixonada por sua própria tristeza — uma vida escondida sob poeira e pitadas indesejadas de compaixão. Uma tragédia que tinha só o filho como plateia. Um drama desperdiçado no novo país que nunca passaria de seu sonho inacabado.

"Mas e os tubarões?"

"O senhor acha que seu sangue é da mesma cor que o meu batom?"

"Oi?"

"Só estou tentando imaginar. O senhor e sua pele ferida, o mar profundo e azul, e o vilão com os dentes assustadores. O senhor está pensando num tubarão-branco?"

"Você tá maluco?"

"É só que eu sou uma pessoa muito visual e como fomos treinados para levar as inquietações dos nossos clientes muito a sério, queria ver o que o senhor está imaginando. Onde exatamente o senhor tende a coçar? Não acha que é provável que o tubarão ataque lá primeiro?"

"Seu maluco da porra."

A voz se foi, e Jimmie imaginou uma nuvem de sangue jorrando de um membro de meia-idade arrancado com pedaços de carne e uma daquelas sungas vistosas e toda colorida boiando. Debaixo d'água, gritos abafados pela violência do mar. Ele de repente ficou com inveja da liberdade que o tubarão tinha de satisfazer seus impulsos, e decidiu seguir o exemplo do animal e colocar o telefone no mudo mesmo que a primeira hora do seu turno ainda não tivesse acabado. Mesmo que as regras do call center não permitissem que ele se levantasse para ficar se olhando no espelho por um minuto, ou para chorar de calça arriada num daqueles assentos desconjuntados de privada. Mas Jimmie não ligava, porque queria que hoje fosse um dia diferente. Um dia agradável. Como um tom sutil de cor-de-rosa. Um dia sem dor.

Ele logo tentou atravessar as infinitas fileiras de mesas compartilhadas com baias que pertenciam às outras equipes de seu andar. Aglomerados de estaçõezinhas redondas, um para cada produto que as pessoas podiam ligar para pedir de uma distância confortável — como cestas de verduras e legumes, ração de cachorro, colchões e papel higiênico. Ou, no caso de Jimmie: viagens. A afiliação de cada aglomerado aparecia em uma placa barata de papelão com o nome e o logo de uma empresa que pairava sobre a cabeça dos funcionários. Presa por fios transparentes, elas assomavam no alto como uma ameaça constante, parte de um aparato que estava pronto para desabar naqueles que eram apanhados sendo improdutivos ou não solícitos. Os integrantes das equipes eram reconhecidos pelo único item de identidade corporativa que possuíam, os diferentes moletons com capuz que deviam usar, com exceção dos líderes e dos gerentes, que tinham permissão para desfrutar dos confortos da vida de civil enquanto o resto das pessoas parecia e se sentia um Teletubby. Os moletons lembravam Jimmie daquelas ovelhas cuja lã era marcada com cor chamativa pelos donos. Ao passar pelos colegas agora, identificava algumas caras, mas a maioria era sempre nova e desconhecida, embora ele já estivesse há quase um ano trabalhando na Vanilla Travels Ltda.

Pelo menos ele não trabalhava no andar de baixo, de vendas ativas, onde teria que dar o que restava de si e fazer telefonemas não solicitados, ou em um dos call centers ainda mais miseráveis no estrangeiro. Pelo menos seus clientes precisavam dele, e ainda que fosse apenas uma dependência transitória, ele não era constantemente insultado e vilipendiado igual a uma criatura tida como praga. E, no entanto, ele ainda era parte de um sem-fim abundante, um conjunto de ossos sem nenhum direito de reclamar dignidade. A voz de uma pessoa que não era visível do lado de fora dessas paredes. Por mais que ele às vezes gostasse da ideia de não ter esse corpo, sabia que talvez fosse a hora de ser corajoso e de encarar um mundo onde suas curvas obesas seriam realidade mais uma vez.

Quando trancou a porta do banheiro, Jimmie lembrou que tinha combinado de passar o maior intervalo hoje com Elin, sua amiga sueca da equipe de reservas que sonhava em abrir uma creche ao ar livre numa floresta. Elin sempre tinha cara de cu de gato — os lábios bem apertados, como se ela tivesse tentando satisfazer um saco de limão. Sem contar a falta de animais selvagens genuínos em Londres, Jimmie nunca poderia imaginar crianças aos cuidados de Elin — elas provavelmente voltariam como riponguinhas do mato, com barbas prematuras cobrindo a cara, sinistros gnomos de jardim que se recusariam a cantar e dançar. Talvez fosse uma técnica sueca especial de sobrevivência: não há necessidade de ficar alegre quando está só você e o mato sem fim cheio de alces e a boa vida. Ou eram renas? Jimmie não fazia ideia de qual era a diferença. Elin tinha lhe mostrado uma fotografia certa vez e aqueles corpos enormes sobre pernas finas o lembraram de sua avó e de como ela tinha empurrado seu torso pesado pela vida como um carrinho de supermercado. Talvez os genes dela o fizeram ter essa aparência.

Tentando alcançar o espaço entre as pernas com o rosto, Jimmie conseguiu evitar olhar o laranja desbotado que pretendia emprestar um toque humano à cabine do banheiro, esse budoar do escriturário moderno, com suas superfícies artificiais. Ao contrário do cinza, o laranja era muito convicto em sua feiura. Ele sempre o deixava com uma leve inveja, como se fosse possível ser tão ousado com relação às próprias imperfeições. Jimmie lamentava o que esse lugar tinha testemunhado. Como aquelas paredes finas tinham celebrado a derrota dele. Com a roupa íntima ainda limpa, ele conseguiu dar uma fungada nos próprios cheiros, sua casa e sabão de lavar roupa — um lembrete de que ainda estava vivo —, enquanto tentava se lembrar da última conversa com Elin, dias antes naquela semana. Ela andava comendo miojo vegetariano no copo, o que sempre o deixava com engulho. Se não tivesse sido obrigado a deixar a Itália, sem dúvida ele nunca teria sido exposto a um assédio gastronômico daqueles. Mesmo agora, tentando enterrar a cabeça no próprio colo, sua barriga o impedindo de produzir um formato elegante, ele conseguia enxergar Elin enfiando aqueles vermes escorregadios na minúscula boca de cu de gato besuntada de batom fluorescente.

"Com quem é que você está querendo trepar?"

"O quê?"

"O seu batom. Você tem alguma coisa marcada? Ou de repente ficou com medo de que os seus clientes possam te ver pelo telefone e que só vão fazer reserva de pacote se tiverem algum estímulo visual?"

Jimmie ficou fingindo engasgar com um pinto até ela corar.

"Sai fora, Jimmie. Mas se você quer mesmo saber — sim, eu vou sair com uma pessoa."

"O cara da equipe da cesta de verduras?"

Olhando para ela, ele costumava se perguntar se preenchedores, como aqueles que Helena tinha injetado com tanto êxito no próprio rosto, poderiam ajudar a aplacar o problema de seus lábios nada convidativos, mas imaginou que, no fim das contas, era provável que até um verdadeiro fiofó de gato fosse mais atraente.

"Eu saí com ele uma vez só, Jimmie."

"Imagino que tenha sido difícil chegar ao clímax com o estímulo dos benefícios ecológicos de tubérculos."

"Muito engraçado."

"É alguém da equipe de papel higiênico dessa vez? Vai ver você aprende a esguichar na maciez de uma folha dupla com toque de pêssego."

"Não, e antes que você comece a fantasiar sobre as pessoas da equipe de ração pra cachorros, é na verdade o Simon. A gente vai tomar um drinque depois do nosso turno."

“O nosso supervisor? O ruivinho nervoso?”

“Cala a boca. E nem pensa em contar isso pro Daniel.”

“Por favor, não me diga que ele vai fazer outra daquelas propagandas péssimas de barra de cereal!”

“Não finge que você não sabe.”

A fofoca costumava correr por suas veias como ondas de conforto e alegria, mas, desta vez, à medida que as palavras de Elin começavam a revelar seu verdadeiro significado, o coração dele se recusava a estabilizar a circulação.

“Quer dizer que passaram o Daniel para líder agora que o Stuart foi embora?”

“Positivo. A partir desta sexta-feira, o seu queridinho não vai mais ter que usar moletom amarelo.”

De repente, ele se sentiu até mais inferior que a minúscula boca de cu de gato de Elin, matando qualquer potencial erótico que ele já tivesse percebido em seus próprios lábios carnudos. Por que Daniel não tinha lhe contado isso? Por que tinha feito ele sentar naquela cozinha patética com Elin, deixando-os parecer dois babacas sem rumo cuja única chance na vida era trepar com os encarregados? Era como se agora as coisas com Daniel fossem de se envergonhar, como se tivessem ferido seu orgulho. E então imaginou o batom fluorescente de Elin no pau de Simon e todas as cores ficaram fora de sintonia. Quando ela tinha aprendido a brincar com toda a vivacidade sob a pele? De onde ela tirou confiança para dar prazer aos outros enquanto ele só se sentia preso no desconforto e no anseio?

Agora, ao ouvir à estação de rádio melosa que tomava todas as áreas fora do call center propriamente dito, como se fosse uma sala de tortura americana, Jimmie sentia seu corpo reagir à ausência de silêncio. Sentia seus tecidos perderem resistência enquanto tentava entender quão traiçoeiros eram os nervos, a ponto de transmitirem toda a informação, sem a qual ele poderia facilmente viver. Quão prontos para dançar eles estavam, enquanto ele tentava se conter. Quão dedos-duros eram quando, criança, ele pisava em uma vespa no jardim de sua mãe, e eles permitiam que a dor viajasse subindo até sua mente e por fim seus olhos. Se a dor não era nada além do resultado de uma comunicação bem-sucedida em alguma parte de seu cérebro, por que o invisível não podia simplesmente permanecer na escuridão? Por que não bastava apenas que as feridas sangrassem para que os dedos fossem curados? Mesmo agora, quando ele deveria estar em sua mesa no canto, lidando com os e-mails e telefonemas diários — as elocuções de pessoas em conflito com o próprio hedonismo, viagens que se tornavam desagradáveis por conta de suas próprias expectativas —, por que parecia que a vida tinha mais uma vez assumido a fúria de uma criatura moribunda?

"Jimmie. Tá aí dentro? É o Simon."

É claro que era ele. Naturalmente hostil perante o ilícito, Simon estava fazendo uma batida no último quinhão de privacidade que eles tinham, desconfiando de prazer onde só queria ver esforço. Ele estava sempre pronto para se ajoelhar e contar quantas pernas havia dentro de uma cabine, e Jimmie odiava a culpa que sentia por causa disso. Como se o seu corpo ocupasse espaço demais, como se Simon tivesse o direito de fiscalizar seus desejos. E nem havia água fria para refrescar os olhos. Por que a porra daquelas cabines não tinham uma pia, um espelho e um pouco do luxo sobre o qual ele lia nas descrições de hotéis o dia todo?

"Desculpa. Vou sair num minuto."

"Você sabe que tem que falar comigo antes de fazer um intervalo, não é? Hoje as coisas estão bem movimentadas e não dá para mais de uma pessoa fazer intervalo ao mesmo tempo."

Impossível não ouvir as suspeitas, não se sentir encolhendo do lado de dentro.

"Tem certeza de que está bem, Jimmie? Você precisa de ajuda?"
"Estou bem. Só estou devagar para começar, sabe?"
Simon com certeza não sabia: ele tinha nascido com aquele tipo repugnante de energia que o fazia pular da cama de manhã e passar as camisas. Ele nunca sentia necessidade de questionar suas ereções ou de se trancar num banheiro laranja barato por não querer encarar a perspectiva de mais um dia na Terra.
Jimmie não conseguia acreditar que Elin tinha combinado de sair uma segunda vez com ele naquela noite.
"Não tem perigo de eu cortar os pulsos aqui. Também não vou dar uma festa — meu gosto é um pouco melhor que isso."
Ele poderia muito bem pedir para ser enterrado pelo sr. John Nobes, seu antigo patrão e dono de uma funerária, o fornecedor dos caixões mais feios da cidade.
"Jimmie, você pode, por favor, só abrir a porta? Senão vou ter que subir este incidente para outra instância."
Talvez ele pudesse ter assumido o negócio e se tornado um agente funerário. Poderia ter apaziguado as coisas e garantido que dariam um jeito nas pessoas e em seus bichos de estimação de uma vez por todas. Poderia ter oferecido apenas cremações, só para ter certeza.
"Jimmie! Você perdeu a reunião da manhã e eu preciso muito conversar no seu intervalo hoje."
"E se eu tiver alguma coisa marcada?"
"Então eu lamento, mas você vai ter que cancelar. É bem urgente, tenho certeza de que você sabe do que se trata."
Jimmie não se deu ao trabalho de conferir a própria aparência na câmera do seu telefone porque sabia que não estava nada boa hoje, e que ele não se sentia preparado para o que a luz daquele banheiro iria revelar. Simon estava recostado na pia em frente à sua cabine. Em outra versão da vida de Jimmie, ele poderia ter parado lá e encarado os olhos azuis inquisitivos de Simon. Poderia

ter rolado um flerte ou mesmo um beijo, um momento significativo e íntimo. Um primeiro passo em direção a uma coisa delicada, ou até bruta. O início de algo caloroso. Mas em vez disso ele se lembrou de que tinha passado o batom da sua mãe e que tudo em torno deles cheirava a urina e a outras funções corporais, e tudo o que podia fazer era passar por Simon, que nem sequer tentou esconder sua surpresa quanto às novas cores de Jimmie. Com os olhos no chão, Jimmie tentou esquecer que aquele tinha sido um ato de transgressão, que tinha quase trinta anos e que estava com a mão esquerda tremendo por causa de um intervalo não autorizado para ir ao banheiro.

Pegar o turno da noite significava que Jimmie quase sempre perderia as reuniões de equipe da manhã nas quais Simon dissecava uma ou duas chamadas que tinham sido gravadas para aqueles famigerados propósitos de treinamento e monitoramento. Os colegas eram obrigados a testemunhar as performances uns dos outros, sendo desmembradas como sapos mortos. Assistir aos seus resquícios de orgulho ficarem frios e repulsivos nas mãos de um homem com uma lâmina afiada. Entre todas as chamadas gravadas, Simon sempre conseguia encontrar o único caso em que os históricos gerais de excelência não tinham sido mantidos, em que um atendente não conseguira responder de modo apropriado ou fazer o cliente se sentir à vontade. Como uma bronha com a quantidade errada de lubrificante. Ou um mamilo de porco num pedaço de bacon de repente deitando por terra as ilusões do fast food.

Corpos atrapalham.

Simon era o senhor sinistro deles, envergonhando-os em público para castigá-los por seus fracassos — tudo prova de que ele precisava estar em contato regular com o cliente misterioso, aquela maldita ferramenta do controle de qualidade de que todos eles viviam com medo. O espectro com um milhão de vozes diferentes que eles podiam ouvir por trás de cada divergência, que estava lá para desorientá-los como crianças numa floresta. Jimmie costumava imaginá-los como uma bruxa, em uma casa feita de tentações, desejando transformar seus corpos cansados em um banquete. Simon gostava de lembrar à equipe que eles precisavam se curvar melhor e fazer os outros felizes e nunca esquecer que jamais poderiam usar o verbo "compensar". Tudo o que eles faziam era um gesto de boa vontade, e os clientes conseguiam perceber quando não estavam sendo levados a sério. Eles eram seres sencientes, e isso tinha a ver com suas habilidades sociais.

Sempre que Simon usava aquelas palavras, Jimmie conseguia sentir suas próprias partes sociais comicharem. Ele odiava exposição pública, mas às vezes gostava de gozar da raiva de Simon, imaginando outros possíveis castigos que eles podiam sofrer juntos. Por mais que desconfiasse de que algumas das chamadas com que Simon gostava de brincar durante aquelas reuniões eram as suas, Jimmie também sabia que enquanto estivesse disposto a fazer o turno da noite, era improvável que o demitissem. Ele sabia como era difícil encontrar alguém que trabalhasse nas noites de sexta e sábado, alguém que, em vez de uma vida, tivesse uma mãe e um gato. Alguém como Jimmie.

Simon ir atrás dele no banheiro a fim de chamá-lo para uma conversa formal lhe indicava que não se tratava de mais uma das ligações corriqueiras de Jimmie, da sua recorrente inabilidade de seguir os padrões da empresa. Era prova de que o rumor de sua aventura mais recente tinha corrido pelo escritório tal como um rapaz todo dado, de que a informação tinha finalmente chegado aos ouvidinhos ferrenhos de Simon, e que ele agora sabia o que Jimmie tinha feito no banheiro na sexta-feira passada.

Pegar o turno da noite também significava ser o último a chegar e a escolher onde sentar, tendo assim que se conformar com um dos fones de ouvido mais acabados. Invariavelmente, ele tinha que sentar ao lado de Wolf, o alemão esquisito sem alguns dedos dos pés — boato que Wolf nunca havia confirmado nem contestado. A depender de quem contava, era ou um acidente numa trilha ou um encontro lamentável com um aparato da engenharia alemã. Ou um defeito de nascença. Sempre que olhava para as botas de trilha de Wolf, Jimmie tinha certeza de que era verdade, ele conseguia até imaginar os pequenos cotocos mumificados, moles como os restos mortais de um papa embalsamado, e tinha dificuldade de pensar em colinas ou outros obstáculos que exigiriam aquele tipo de calçado em Londres. Mas vai ver alguns alemães já nascem com calçado de trilha? Pelo menos Wolf não usava papete. Jimmie estremeceu enquanto voltava a sentar, ouvindo Wolf operar em sua língua materna intrepável, imaginando se os alemães gritavam mesmo *ja* durante os momentos de afeição. O papa lava o pé de estranhos e põe a culpa desse fetiche bizarro na necessidade de demonstrar modéstia e devoção. Mas antes que Jimmie pudesse pensar em tocar nos pequenos cotocos de Wolf numa tentativa de purificar a alma, o telefone tocou. Ele pôs o fone usado por tantos outros antes dele, o microfone frouxo e engordurado. Era como ver alguém saindo do banheiro que você estava prestes a usar e então se deparar com o calor da bunda da pessoa no assento. A sensação de que nada nunca é seu de verdade.

"Obrigado por aguardar. Meu nome é Jimmie. Como posso ajudar?"

"Fico me perguntando se *você* pode me ajudar, Jimmie."

"Com certeza posso tentar."

"Estou ligando para falar do pacote que estão oferecendo agora no site de vocês, o Feriado Romântico no Spa, perto de Bath. O que eu quero saber é como posso reservar esse pacote só para uma pessoa, porque parece que o seu site não me dá essa opção."

"Você quer ir sozinha para um Feriado Romântico no Spa, senhora?"

Jimmie tentou imaginá-la, mas em vez de todos os clichês de costume da velha dos gatos, ele só conseguiu pensar na sua mãe. A viúva inata tentando fazer check-in no Heartbreak Hotel. Ele sabia que um dia tivera um pai, mas tudo o que restara dele era a ideia de que em outra época sua mãe fora diferente.

"Eu não ligo pra todo esse troço de romance, só quero um feriado no spa."

"Só um instante, vou estar verificando se outro dos nossos feriados no spa tem essa opção e posso passá-la para um dos meus colegas da área de reservas. Eu só trabalho com reclamações."

"Acho que você não está entendendo. Eu quero passar o feriado neste spa específico, mas vai ser só para mim."

Ele a imaginou entrando no quarto. Umas pétalas de rosa baratas espalhadas pela cama, a palavra amor escrita em todas as paredes, as letras pingando fluidos de luxúria inesgotável. Foi foda se livrar desse apuro.

"Você pode reservar o pacote no nosso site e depois avisar que vai sozinha."

"E pagar para dois?"

"Receio que seja a única solução que consigo pensar no momento."

Jimmie sentia certa alegria pela maioria dos casais do seu entorno estar cansada demais para encostar um no outro, e por já olharem para a cara dos parceiros há tanto tempo que reservavam escapadas de fim de semana para superar a vergonha de seus desejos inatingíveis. Para fingir que eles estavam todos comendo, trepando e cagando em fileiras indissolúveis de felicidade.

Essa mulher era uma verdadeira rebelde, uma heroína com o guarda-roupa inteiro cheio de brinquedinhos e dildos.

"A senhora usa uma capa nessas ocasiões?"

"Uma capa?"

"Desculpe. Eu dei uma viajada."

Uma capa de superdildo só com imagens dos brinquedos mais lindos.

"Então você está me discriminando por ser uma mulher solteira?"

"A mesma política se aplica a homens."

"Você me entendeu perfeitamente."

"Escuta, vou ligar para eles e ver o que posso fazer, e depois retorno a ligação. O que a senhora acha?"

"Não vai esquecer, hein? Acho que o pacote só vai ficar disponível por mais um ou dois dias e estou precisando de verdade de um descanso."

"Não vou. Pode confiar."

Jimmie gostou da ideia dele mesmo com uma capa de superdildo, voando para o céu noturno, pouco se fodendo para qualquer coisa. Por que é que ele sequer iria atrás de alguém que gostava dos lábios cor-de-rosa de Elin? Simon foi o primeiro britânico por quem ele achou já ter sentido tesão, e Jimmie ainda não entendia por que de repente seguia o desejo de sua mãe por aquela gente de aparência pouco saudável. Foram eles que transformaram a polenta em bolo e puseram frango na pizza, e Simon nem era tão atraente. Com a pele sardenta e aquele corte de cabelo universitário nada sofisticado, ele quase provocava ereções involuntárias em Jimmie.

"Você sabe que tem uma lista, certo?"

Wolf tirou seu fone e pousou cuidadosamente na mesa. Jimmie tinha certeza de que ele usava lenços umedecidos para limpar a bunda.

"Uma lista?"

"É. Uma lista com todos os hotéis que oferecem acomodação só para uma pessoa com tarifas especiais."

"Desculpa. Não sabia."

"Deviam ter mencionado no seu treinamento, mas não me surpreende que não tenham feito, já que a sua parceira foi a Helena. Ela provavelmente estava ocupada pensando nas próprias ambições por musicais. Eu dei uma olhada enquanto você estava no telefone e esse hotel específico não oferece nenhuma tarifa especial, então receio que ela vá ter que pagar o preço cheio. É uma pena a gente não oferecer nenhuma outra opção."

"Acho que você está meio velho para virar um garoto de programa profissional."

"Não foi isso que eu quis dizer, Jimmie!"

"Por outro lado, tenho certeza de que você pode entrar nessa e levar um pouco de alegria para algumas dessas vidas solitárias."

Ele enfiou a língua entre o V que fez com os dedos, tendo por um instante a estranha sensação de seus lábios pintados. Jimmie sabia que Wolf estava olhando para eles, pensando que agora estava mais estranho do que de costume.

"Você devia tentar de verdade evitar esse tipo de obscenidade no local de trabalho, Jimmie. Algumas pessoas podem ficar ofendidas, e você conhece as regras."

Jimmie sabia da política de tolerância zero contra todas as vontades humanas e sabia que, de acordo com o manual oficial, era melhor não ter corpo nenhum — apenas existir como um ser imaterial que trabalhava duro e não sofria de nenhum tipo de dor ou anseio. Não foi a primeira vez em que ele se perguntou por que só não ia embora daquele lugar infernal e nunca mais voltava. Para confiar que seu corpo escreveria a própria história longe das regras desse escritório — pequenos momentos de luta que um dia se tornariam memórias de amor.

De todo modo, ele decidiu ligar para o hotel da próxima vez que Wolf estivesse em um de seus intervalos para limpar a bunda com lenços umedecidos. Ele queria que a mulher do dildo esmagasse aquelas pétalas de rosas falsas com seu prazer autoinfligido, e que não ficasse esperando alguém como Wolf ter uma ereção uma vez por ano.

Ele se curvou um pouco para que Wolf não o visse por sobre a paredinha cinza que pretendia separar suas áreas de trabalho, uma autocontenção ilusória em sua ilha de baias telefônicas. Jimmie nunca entendeu por que elas estavam lá ou, já que estavam lá, por que nunca eram limpas. Será que aquele era o propósito, separar as pessoas ao lembrá-las de todos os vestígios que seus corpos deixavam para trás? Todas as partículas de merda, suor, pó e saliva que tinham lentamente começado a se fixar sobre aquelas superfícies. Alguma coisa que parecia gordura, mas com muito mais a oferecer, que tinha assentado e mudado de cor ao longo dos anos. Aquilo parecia um resumo de sua vida escrito numa língua que ele não sabia ler, mas que ainda assim entendia. Um lembrete de tudo que tinha dado errado, como seus sonhos e suas intenções perdidas tinham se solidificado e se tornado o rosto que ele via todas as manhãs. Um rosto que tinha mais e mais papadas crescendo sob ele e que já não possuía beleza suficiente para incitar qualquer sentimento genuíno no próximo. Um rosto que nunca estaria em um relacionamento, e que ninguém apresentaria para os pais, porque ele não tinha os atributos de uma boa esposa cujos quadris têm um propósito. Aquelas manchas que ele podia detectar em todas as superfícies ao seu redor eram como as marcas de chiclete que via nas ruas todos os dias. Os vestígios da nossa habilidade de recriar, de ser identificado por ou de contagiar uns aos outros — o início da vida, seu fim e tudo o que está no meio. Elas eram a história de todos que um dia tiveram um potencial erótico, mas que agora, na luz fraca do início da tarde, não passavam muito de um símbolo da tristeza eterna que ele sentia quando pensava no que o trouxera para este mundo.

"Você devia treinar na frente do espelho a impressão que passa em entrevistas de emprego."

Elin estava sacudindo o copo de miojo quando partilhou esse saber precioso outro dia na cozinha. Jimmie nunca conhecera ninguém que precisava sacudir o copo de miojo antes de colocar água, como se houvesse um jeito melhor de prepará-lo do que seguindo as instruções impressas na lateral. Um jeito mais sofisticado que não traísse seus instintos mais baixos, que lhe permitisse acreditar que você não estava sentado na cozinha compartilhada de um call center no sexto andar de uma torre comercial triste numa região barata da cidade.

"É importante saber a percepção que as pessoas têm de você, se colocar no lugar delas, mesmo em trabalhos onde não se enfrenta o público."

De onde estava sentado, Jimmie quase conseguia ver a porta da cozinha, e sempre que olhava para ela, ouvia a voz de Elin e sentia o cheiro de toda a comida que tinha morrido no micro-ondas com o puxador quebrado. A maioria das coisas ali, feita de materiais que inspiravam autoaversão, amarelou graças ao contato humano excessivo. Era na cozinha que eles passavam a maior parte do tempo juntos, e ele nunca tinha dito que, para ele, as palavras dela cheiravam a Tupperware velho. Ele não precisava daquelas palavras vencidas para saber que o trabalho dos dois era o oposto de enfrentamento. Elin e Jimmie eram pessoas sem rosto transpirando de moletom e calça baratos feitos por pessoas não muito diferentes deles mesmos. Pessoas sem acesso à luz natural e dignidade. E ele estava cercado de indivíduos de diferentes partes da Europa usando seus idiomas para ajudar a tocar uma agência de reservas de viagens internacionais. Eles eram a única equipe internacional no prédio, composta supostamente de europeus que soavam para o ouvido incauto como se fossem franceses, alemães, suecos, italianos ou espanhóis, mas que não pareciam assim porque seus pais tinham emigrado de outro lugar.

O mesmo valia para muitos das equipes de língua inglesa — o call center era o esconderijo perfeito para todos que aparentavam ser diferentes, ali podiam trabalhar sem ofender a sensibilidade da estética dominante. Reduzidos às suas vozes, eles não podiam fazer mal nenhum. Jimmie costumava se sentir um dos sete anões, trabalhando em uma mina deteriorada prestes a desabar e o matar enquanto ele tentava em vão chamar a atenção dos príncipes lá em cima. No fim ele não teria opção além de trepar com alguém tão feio quanto si próprio em algum lugar nas profundezas da escuridão que eram obrigados a dividir. Porque a história nunca permitia que um príncipe fosse satisfeito por sete homenzinhos, e ninguém gostava do interesse dele por príncipes encantados. Nem por dois garotos em cima de um mesmo cavalo branco. Talvez Jimmie devesse começar a sacudir seu alimento antes de comer. Talvez tudo fosse questão de inventar seus próprios padrões — fazer os outros acreditarem que você só poderia ser enterrado num esquife de cristal, que o mundo tinha que se importar com o que ficara entalado na sua garganta.

Elin tinha razão sobre o diploma da escola de teatro não tê-lo levado a lugar nenhum além de ser palhaço em festas infantis com Daniel ou fazer o papel do parente indefinido do sul da Europa em uma das cerimônias funerárias de John Nobes. Nobes pusera um anúncio na antiga escola de teatro de Jimmie e, uma vez que os pais de mais ninguém eram tão pobres a ponto de obrigá-los a responder, ele teve que se virar com o italiano gorducho. Afinal, o que ele ia querer com um rapaz pálido, agora que a cidade tinha se tornado tão estrangeira que ele mal a reconhecia? No fim das contas, descobriu que a compleição mediterrânea e o cabelo cacheado eram, na verdade, bastante versáteis. Jimmie eventualmente podia até ser contratado por uma das funerárias judaicas mais para o norte. Nobes parecera satisfeito com sua decisão moderna e contratou Jimmie pagando a cada trabalho como parente estrangeiro enlutado para avivar velórios com baixo comparecimento, serviço que a funerária vinha oferecendo havia quatro gerações com mais ou menos sucesso. O próprio Nobes tinha cara de quem perdeu toda a família para uma overdose de queijo processado. Jimmie sempre se perguntava como a pele dos ingleses conseguia ficar tão pálida a ponto de adquirir a mesma cor do cabelo e da comida que colocavam diante deles — por que tinham tanto medo de comer qualquer coisa que não fosse bege?

Agora, enquanto ouvia Wolf varrendo migalhas invisíveis de sua mesa e reparava na luz de chamada piscando no telefone, ele lamentava ter perdido aquele trabalho. Graças a sua mãe, que, depois de todos aqueles anos, tinha redescoberto o próprio corpo e decidido sair do quarto para arranjar um amante. Porque ela tinha que dar um jeito de invadir o espaço dele e tocar suas fronteiras como se elas fossem as extremidades baratas de um monumento público, ali, para todo mundo esfregar até que chegassem àquelas camadas de pele que parecem novas mas que não sangram. Vermelhas como o orgulho de um açougueiro. Porque a sua performance de tristeza tinha superado tanto a dele que às vezes ele a designava como brutal, e isso o tinha feito ir parar neste lugar em que a humilhação vinha em tantos tons e cores que ele costumava se sentir uma única purpurina perdida em um caleidoscópio depravado.

Ele sentia falta das viagens no banco do passageiro do carro funerário de Nobes, o conforto do assento de couro gasto e a dignidade da missão dos dois. Ele às vezes gostava de imaginar que poderia ter nascido ali, que poderia muito ter sido a quarta geração a emergir por trás das discretas cortinas da casa funerária do sr. Nobes. O homem sentado ao seu lado poderia sempre ter estado lá e todas as sensações controversas em relação a ele poderiam ter sido justificadas. As boas e as más. É mais fácil abrir mão das relações de nascença, e Jimmie gostava de imaginar como seria ter a garantia do amor de alguém. É por isso que ele sentia falta daqueles momentos, quando os dois decidiam quão triste ele teria que parecer no dia, ou de que parte do mundo sua tristeza deveria vir. Sozinho, Jimmie se sentia sobrepujado pela tarefa de ter que se guiar por suas próprias emoções e pela tristeza que agora o acolhia todas as manhãs ao abrir os olhos e se dar conta de que essa vida era realmente a sua e não a de um irmão grego há muito perdido ou de um filho búlgaro ilegítimo. De que nunca podia contar com mais nada além de seu próprio coração.

"Obrigado por aguardar. Meu nome é Jimmie. Como posso ajudar?"

"Tem um problema com a piscina de borda infinita."

"O senhor por acaso está nas Maldivas?"

"Como você sabe?"

"Elas são famosas pelas piscinas de borda infinita, senhor."

"Mas não estão dando o mesmo acesso pra todo mundo e sempre que eu vou lá tem fila."

"Mas e o mar? Tenho certeza de que tem espaço de sobra na praia."

"Isso não ajuda."

"Porque o mar é finito?"

"Você tá bancando o engraçadinho? Eu gastei muito dinheiro com essa viagem e quero que tenha o visual certo. Fotos na praia são muito mais difíceis de tirar e não são exatamente meu lance. Você já tentou fazer uma foto na praia parecer chique?"

"Receio que não. Em geral sou bastante fuleiro."

Jimmie estava ansioso para voltar a fugir até sua cabine laranja e sentir os nervos se acalmarem ao som da descarga, para ficar longe de todas as vozes e línguas gananciosas. Longe da obsessão delas por ilhas que logo seriam engolidas pelo mar por causa do seu estilo de vida ridículo.

"Você devia tentar vir pra cá um dia. Tomar uma champa e deixar todo mundo com inveja da sua conta no Insta."

"Acho que dá até pra ouvir o mar ao fundo."

"Isso é porque eu tô do lado de fora na merda da fila. E quando chegar a minha vez, a luz já não vai estar tão boa e o cara do hotel não vai mais estar a fim de tirar fotos."

"A piscina é tão pequena que só cabe uma pessoa?"

"Não, mas todo mundo quer ficar sozinho lá, pra fazer parecer exclusivo. Senão é só uma piscina de frente para o mar."

"Entendi."

"Você devia sugerir pro hotel que eles implementem um sistema de reservas, ia dar a chance pra todo mundo aproveitar o cenário ao máximo. Desse jeito tá um pandemônio."

"As pessoas estão pondo ácido no protetor solar umas das outras?"

Jimmie conseguia imaginar todo o drama se desenrolando. Foi-se o tempo em que para guardar um lugar bastava deixar sua boa e velha toalha alemã esticada lá e, na volta, torturar alguns poucos amigos desavisados com uma apresentação de slides com fotos. Este era um mundo tão mais instantâneo, um mundo que já não fazia sentido por si só e que tinha que ser visto através de olhos artificiais.

"Olha, eu só estava sugerindo um jeito de melhorar os níveis de satisfação por aqui, mas você claramente não parece ligar pra isso."

"Eu às vezes sofro do que os especialistas chamam de súbita perda de empatia. Sou como um coração que precisa ser reanimado constantemente."

"Devia achar alguém pra dar um jeito em você. Seus clientes não devem estar muito felizes."

"Tristeza não tem fim, felicidade sim."

"Babaca."

Jimmie parou um instante para olhar a foto do hotel nas Maldivas que ele nunca poderia pagar. Era um daqueles hotéis intermináveis com uma localização perfeita na praia, uma equipe perfeita e piscinas de borda infinita, cujo propósito perverso era fazer pessoas abastadas se sentirem bem. Como ele ainda conseguia ouvir o barulho do mar em sua mente, começou a visualizar outras partes. As paisagens que foram violadas para aquelas fachadas serem construídas, os habitats que tiveram que se deslocar, as criaturas que julgamos sem importância em nosso desejo implacável de parecer que conquistamos alguma coisa. Voltar com um corpo melhor, bronzeado, relaxado — e idealmente muito bem trepado. Países inteiros dependiam desse desejo, e tiveram que sacrificar tudo quanto havia de beleza para que outras pessoas tomassem um avião e deitassem numa praia. De repente o mundo pareceu tão pequeno para Jimmie e, ainda que viajasse sobretudo por tabela na tela à sua frente, ele não conseguia se livrar da desconfiança de que não restava muita coisa a não ser imagens desses lugares idílicos de que as pessoas voltavam com a ilusão de uma experiência, porque até os últimos quinhões de regiões selvagens tinham sido arranjados para agradar os olhos de alguma lente insensata. O concreto era só mais uma forma de violência. E então, ainda ouvindo as ondas, Jimmie sonhou com plantas lutando para romper os azulejos de piscinas infinitas, aqueles mosaicos baratos sendo destruídos de pouquinho em pouquinho, milhares de pequenos membros verdes se estendendo para o alto até que estivessem aliados ao sol. Até que pudessem crescer sobre aquilo que tinha sido construído para afligi-los.

O som do mar esmaeceu, e Jimmie foi emergindo de trás da paredinha cinza manchada até conseguir identificar sua situação traçando rugas na testa de Wolf. Não estava claro se alguma vez na vida ele já tivera cabelo.

"Usaram uma das suas ligações na reunião hoje de manhã, Jimmie."

"Devo me sentir honrado?"

"Você devia ficar preocupado. Principalmente porque as suas ligações estão parecendo ainda mais estranhas hoje."

"Hoje é um dia especial e só estou mantendo o novo braço direito do Simon ocupado. Ele precisa treinar as habilidades de gestão."

"Eu sempre achei que você gostava bastante do Daniel."

"Você já viu ele sem o moletom?"

"Vi, ele estava na reunião. Estava bem-apessoado."

"Todo mundo fica bonito pelado."

Wolf apenas balançou a cabeça e desviou o olhar, deixando Jimmie à mercê da próxima ligação.

"Obrigado por aguardar. Meu nome é Jimmie. Como posso ajudar?"

"Eu odeio a mulher do comercial de vocês."

"Oi?"

"A mulher com a voz esquisita. Eu tenho que mudar de canal toda vez que ela aparece."

"Mas que pena."

"Por que vocês tinham que escolher alguém com uma voz tão irritante? Como é que eu vou curtir um negócio desses? E, além do mais, eu prefiro elas sem espaço entre as pernas, umas belas de umas coxas roliças com alguma coisa pra agarrar."

Um pau mole e empapado, num sofá qualquer, incapaz de se erguer para além de algumas camadas de desespero e tecido de algodão sem lavar. Jimmie conseguia sentir sua flacidez implacável, como os membros balangantes de um pássaro morto, e todas as alegações que vêm com uma ereção malsucedida. O cheiro de dobra precisando de um sabão, o gosto de um corpo não desejado.

"Você já tentou pôr no mudo?"

"Eu queria poder fazer isso com a minha própria esposa, simplesmente botar no mudo. Sempre a mesma ladainha e nada mais acontece no bom e velho quarto..."

"Não tenho certeza de como orientá-lo aqui, senhor. O senhor está no canal oficial de atendimento ao cliente, não numa terapia de casal. Estamos aqui ou para ajudar pessoas que desejam realizar uma reserva ou, no meu caso, para resolver problemas durante as viagens. Mas não somos responsáveis por quaisquer conteúdos externos."

"... e aí você liga a tevê para se divertir um pouco e eles escolhem uma magrela com uma voz fanhosa terrível e um daqueles chapéus de praia ridículos."

"Eu entendo, mas..."

"Veja só, você mesmo tem uma voz bem bonita. E aposto que você é bom e rechonchudo. Por que é que você só não continua falando para mim um pouquinho?..."

"Eu realmente não acho que..."

"Isso aí. Só mais um pouquinho."

Jimmie tirou seu fone quando a respiração do outro lado da linha ficou mais ofegante. Ele fechou os olhos, mas ainda conseguia ouvir a respiração saindo das pequenas almofadinhas de espuma imundas. Um pulso onde deveria haver silêncio.

"Você tá bem, Jimmie?"

"Tô, Wolf, desculpa. É um cara sacana, só me dá um minuto."

"Quer que eu assuma?"

Jimmie concordou enquanto Wolf sorria, e ele sentiu sua própria respiração voltar ao normal ouvindo o assassinato do prazer de outro homem.

Era em momentos como esse que ele achava o sotaque de Wolf quase enternecedor. Não se pode segurar uma metralhadora com uma cara plácida enquanto se fala italiano, mas quase qualquer atrocidade pode ser cometida usando as fileiras intermináveis de consoantes que soavam como se os espaços entre elas nunca tivessem sido preenchidos por qualquer poesia. Será que foi o idioma que tornou o fascismo deles tão mais severo? Que lhes permitiu aperfeiçoar o monstro que seu próprio povo inventou? Será que o aglomerado de sons intrepáveis que eles nunca conseguiam esconder e que tinha vindo assombrá-los — como uma navalha dentro de um bolo — inspirara aqueles famosos impulsos genocidas e os levara a afligir e exterminar os judeus e seus modos mais melódicos? Assim como ninguém pode se divertir numa festa em que o anfitrião não sabe dançar?

Mas então Jimmie invejava Wolf por ter sua cultura tão arraigada que não conseguia sequer tentar ser outra coisa, e sempre o imaginava crescendo em alguma comunidade salutar numa montanha em certa parte dos Alpes. Em contato com toda a terra e tradição que o lugar tinha a oferecer, prevendo o tempo pelo tamanho dos pássaros no céu. Wolf com certeza não fazia ideia de como era ser arrastado por sua mãe enlutada para outro país quando criança e nunca mais voltar. Nem como era quando sua mãe se tornava o país onde você morara antes, onde você tinha uma vida e algo parecido com uma família. O modo como ela havia se tornado seu único acesso àquele lugar, sua língua e sua culinária. Wolf não sabia como era quando as pessoas no novo país, cuja língua você tivera que aprender, digerir e tornar parte de si mesmo, não viam nada além das partes boas da sua cultura. A porra da *dolce vita* que você devia carregar consigo para onde quer que fosse, a versão deles menos metida a besta que você devia representar. O modo como o transformavam numa visão do próprio conforto deles, num espaço para projeções de um país imaginário. Eles não entendiam que isso não tinha nada a ver com você, que tudo o que você sempre conhecera eram os olhos tristes de sua mãe e o estranho dialeto no qual ela o criara. Que você não estava totalmente formado, mas estivera longe tempo o bastante para saber que não havia, no outro país, uma vida para a qual voltar, nada a que se agarrar, nada entre aqueles dois mundos sobre o qual flutuar e nenhum espelho capaz de refletir o que você de fato via em sua mente. A realidade que ele sentia, mas que nunca encontrava representada fora de si. E, no entanto, nunca tivera a impressão de que sua mãe queria viver em algum daqueles países; ela não parecia querer morar em nenhuma parte além daquele lugar estranho em seu íntimo. A Signora sempre vivera no centro de um labirinto, cada canto uma variação de seu luto, e Jimmie sempre perdido, incapaz de virar para o lado certo e encontrar o caminho que lhe teria permitido matar a besta com a qual ela compartilhava o labirinto.

"Talvez seja bom atender essa ligação, Jimmie."

Helena passou por ele, penteando suavemente o cabelo de Jimmie com os dedos, mas sem parar para uma conversa. Ela era famosa no andar porque tinha um jeito secreto de identificar o cliente misterioso, o que a tornava quase impermeável aos métodos de Simon. As ligações dela nunca eram dissecadas nas reuniões da manhã e, por isso, para ela o mundo era apenas um adereço, uma coisa que a permitia se exibir entre uma ligação e outra.

Ainda que fosse integrante da equipe de Jimmie, na qual usava o espanhol e o catalão para dissuadir seus clientes da infelicidade, ela nunca deixava o palco do musical em que aparecia nos seus sonhos. A única coisa que desejava era que as cortinas pesadas de veludo dessem lugar a suas formas gloriosas, e ela não se importava com a escuridão que cercava cada luz. Jimmie sempre gostara da ideia de ser uma criatura alada e purpurinada no pequeno universo de corpos e prazer dela. Desfrutar da liberdade daqueles que são desejados, e não das arestas afiadas daqueles que desejam. Fingir que o que acontecera no banheiro laranja na sexta-feira passada não o fazia se sentir ainda mais longe do sol.

Helena era linda apesar do moletom, que costumava usar com o zíper aberto ou até deixar pendurado na cadeira, garantindo que as pessoas não perdessem aqueles peitos surpreendentemente perfeitos pelos quais ela dera tão duro. Jimmie adorava seu entusiasmo, que ela acreditasse que aquele trabalho era só temporário, que um dia seria uma mera anedota para entreter as pessoas num jantar aconchegante. Para ela, o futuro não era apenas uma ilusão. E assim como um gato bonzinho ronronaria se estivesse sofrendo, Jimmie se iludiu por um momento que aquela era uma ocasião feliz. E como um bom bicho de estimação, ele correu para apanhar sua chamada.

"Obrigado por aguardar. Meu nome é Jimmie. Como posso ajudar?"

"É uma emergência!"

"Pode, por favor, me falar onde você está, senhora, para que eu possa localizar os números corretos dos serviços de ambulância e da polícia do local?"

"Não seja tolo. Eu não perdi um rim. Essa emergência envolve um gato."

Um gato cinza com patas brancas, uma barrigona e aqueles grandes olhos azuis. A pelagem mais macia possível. Jimmie pensava em Henry agora, rolando na calçada de sua casa. Ele conseguia ouvir o miadinho que soava como um lamento.

"O que aconteceu com ele?"

"Seria melhor você perguntar o que aconteceu comigo. Era para ser um hotel de luxo, mas eu não vou avaliar bem vocês, te garanto."

"Aconteceu um incidente envolvendo um gato no hotel da senhora?"

"É uma história bem simples, na verdade."

Jimmie imaginou uma roupa branca de férias em um saguão de hotel siciliano — sentiu o calor e a expectativa de um tratamento especial. Conseguiu sentir a doçura daquelas sobremesas pesadas do Sul e a possibilidade de uma quase memória. Uma coisa especial. Garçons que faziam você se sentir cálido por dentro e um sol que rejuvenesceria o que era uma causa perdida havia muito. Quem sabe até uma mão para segurar ou um momento de atenção total de um estranho?

"E aí eu vi esse gato vindo na minha direção. Eu realmente não ligo para gatos, não sou uma pessoa que odeia bichos de estimação nem nada. Nunca jogaria um gato no lixo como aquela mulher maluca. E eu achei que esse parecia amigável, mas quando me inclinei pra passar a mão na cabecinha dele, o bicho virou e urinou em cima de toda a minha mala. É uma mala de tecido e agora está tudo ensopado de xixi de gato — eu não sabia que tinha tanto fluido dentro deles —, ele acertou até na minha perna."

Jimmie enxergou a solidão que ela tinha levado consigo naquela mala e a esperança de trocá-la por algo melhor. E agora não restava nada além do fim do romance no Mediterrâneo, nenhum morador charmoso do lugar para socorrê-la, um vilão peludo desaparecendo entre sua família do lado de fora do saguão. Grunhindo um dialeto siciliano malévolo enquanto seguia em frente. Mal sabia ela que o gato a livrara de ficar presa com um daqueles homens sicilianos que não envelheciam bem e que sempre reclamavam da qualidade da comida.

"Eu acho que devemos levar as condições do gato em consideração. Eu mesmo sou meio italiano e sei que esses gatos costumam se encontrar em situações muito difíceis. Muitos foram expulsos de casa por parentes cruéis — sobretudo mães. Eles são solitários e confusos. Lutam para conseguir chegar ao fim do inverno. Me parece que esse ato de vandalismo foi na verdade um grito de socorro. Quase sempre a violência é só ternura reprimida e ele provavelmente só estava com fome."

"Você acha que eu devo ir atrás dele?"

"Em italiano, ração para gato é *mangiare per i gatti*."

"E se eu não encontrá-lo?"

"Então a senhora vai encontrar outro. Há corações perdidos de sobra se procurar por eles, e quem salva uma vida, salva o mundo."

Jimmie adorava aqueles ditados sagazes dos judeus, e apesar de tudo ele era grato a Daniel por compartilhá-los, já que sempre lhe davam vontade de deixar a barba crescer e parecer sábio. Se ao menos sua mãe também estivesse a par deles, da misericórdia e da santidade de todos os corações pulsantes. Ele nunca a perdoaria pelo que tinha feito com o seu gatinho. O seu Henry. A única criatura além de Daniel em cuja companhia ele tinha curtido ser imperfeito. A Signora nunca cansava de reclamar que Henry vomitava com frequência em seus sapatos e que recentemente começara a deixar manchas delicadas de cocô de gato no sofá, e uma vez — durante uma daquelas novas ocasiões em que ela saía do quarto — até no seu travesseiro. Ele e Henry ficaram chocados quando, depois de todos aqueles anos, a mulher que havia conseguido transformar Londres num vilarejo italiano começou a deixar seu raio de um quilômetro, impelida por um desejo repentino. Mesmo ela achando que devia sair e ficar com seu amante em horários bizarros, por medo de fofocas imaginárias, prova de que nunca tinha de fato deixado para trás sua terra natal. Era só a história que ela gostava de contar a si mesma enquanto ainda ansiava secretamente pela indignação que seu país de adoção não estava preparado para oferecer — o melhor que um imigrante poderia esperar era o silêncio.

Ela não conseguia entender que Henry, também, se sentira abandonado. Incapaz de competir com o lugar para onde seu coração tinha ido, era o jeito dele de atrair sua atenção e, no fim das contas, seu próprio destino. Jimmie nunca concordou com o jeito como ela lidava com os animais, toda aquela brutalidade egocêntrica que ela herdara de sua mãe, sem espaço para os momentos mais afáveis, reduzindo aquelas pobres criaturas a suas meras funções. À vantagem que era possível tirar de sua carne e sua pelagem. Como ela não podia transformar o pobre Henry em um dos velhos chapéus de pele de sua mãe, quase sempre o ignorava, deixando-o carregar seu coraçãozinho atrás dela como o pedaço de uma presa. Às vezes Jimmie conseguia se enxergar em Henry, uma pessoa gorda tentando desesperadamente oferecer um coração que, para os outros, parecia um rato morto. Ele tinha certeza de que, se sua mãe tivesse ficado na Itália, teria desenvolvido uma corcunda de tanto circular por vilarejos da vizinhança para afogar gatinhos indesejados em baldes em troca de uma conversa e de um belo copo de vinho local.

Jimmie fechou os olhos. Quando abriu, viu o teclado preto e brilhante em sua frente. Ele sabia que o faxineiro nunca encostava nele, que provavelmente havia uma pandemia diferente à espreita sob cada letra — ele tinha feito suficientes turnos da noite para ficar sabendo dessa franca traição. A brecha óbvia no desejo de controle de Simon. Tudo o que o faxineiro sempre fazia era esvaziar as lixeiras e usar a chave especial para tomar chocolate quente de graça da máquina automática. Todos os outros tinham que pagar pelo chamado "café italiano", um gesto qualquer para lembrá-los de que aquele não era um escritório comum com chá e biscoitos de graça, mas uma versão do futuro que só poderia ser descrita como inferno, ainda que com menos drama e nenhuma safadeza. Nada de orgias com lágrimas congeladas e sem eternidade, porque, diferente de outros trabalhos, nunca lhes davam o consolo de que seu sofrimento duraria para sempre. A beleza do contrato de prestação de serviços era que eles podiam ser demitidos a qualquer momento, até durante os turnos. Como o francês magrelo de olhar intenso estampado no rosto que foi mandado embora outro dia por assistir pornografia durante o expediente.

Jimmie se apiedara dele. Era difícil imaginar que alguém poderia querer trepar com uma pessoa chamada Quentin — o impulso de se tocar deve ter sido esmagador. Jimmie nunca questionara se o filme em questão era francês, ou se Quentin tinha se dignado a obter prazer de outro idioma. E se tivesse sido uma daquelas produções espetaculosas de Los Angeles? Agora o raivoso Deus da arrogância e do desprezo franceses o mandaria de volta a um purgatório especialmente destinado àqueles detentores orgulhosos da língua mais importante da Terra, que tinham caído em desgraça por bater punheta para as vogais estrangeiras indignas, que gritavam *yes* em vez de *oui*. Jimmie gostava da ideia de Quentin em seu próprio purgatório, tendo que olhar para turistas americanos de boinas e camisetas listradas, obrigado a comer queijo inglês laranja e a usar roupas alemãs. De preferência uma que envolvesse couro e um chapéu idiota com uma pena, porque, como a maioria dos franceses, ele merecia seu destino.

O faxineiro, o desgostoso marido português de uma desgostosa esposa portuguesa, tinha dado um jeito de roubar uma cópia da chave especial e estava agora chupinhando a empresa sem levar uma advertência sequer. Mais cedo Jimmie considerara lhe pedir um chocolate quente grátis em troca de silêncio, mas bastou uma olhada na cara do homem enquanto ele empunhava o aspirador de pó como um bastão de kendo para ele cuidar da própria vida, para não ter ideia nenhuma ao ouvir a máquina gorgolejar com o leite doce e quente.

Talvez o telefone estivesse tocando de novo, mas Helena saíra para fazer amizade com os novatos, e Wolf fazia seu intervalo de cinco minutos para determinar o quanto ele conseguia puxar o saco de Simon ao demonstrar sua famosa eficiência alemã, então Jimmie de repente não tinha certeza do que estava de fato acontecendo. Ele já não sabia onde seu corpo terminava e o mundo começava, porque o barulho do telefone passou a segui-lo por todo lado como um exército de pensamentos possessivos. O trabalho havia invadido seu corpo e agora lhe era impossível dizer onde a parte de si — que a princípio deveria ser dele — começava, e quando ele só estava roçando na jaula dentro da qual era obrigado a trabalhar. De quem eram seus membros quando ele acordava num domingo às seis, sendo assombrado pelo botão vermelho do telefone piscando na sua frente como um grupo de demônios vermelhos em ciranda, suas genitálias imensas competindo com os primeiros raios do sol? Onde ele estava quando ouvia o toque sutil do telefone enquanto tentava caber debaixo do cobertor que sua avó tinha tricotado tantos anos atrás? Tudo aquilo acontecia dentro dele, e não importava onde estivesse, porque Jimmie não conseguia parar de ver — à noite, de manhã, quando tentava não ser solitário, no ônibus que o levava para o trabalho como uma baleia desacorçoada, no saguão de entrada que parecia a parte triste de um aeroporto, no elevador que o recolhia e o sugava. O elevador que um dia pode desabar e fazer seus pés irem parar dentro da cabeça graças a umas leis da física que ele não entendia.

E então o momento da chegada, o barulho de centenas de vozes rivalizando com seus próprios fracassos. A dor de fazer o login tarde demais e não ser pago pela primeira hora porque o ônibus tinha ficado emperrado naquele dia. O clima de quinta série, sua inabilidade de dormir com alguém estampada na cara de todo mundo. Seus velhos medos badalando enquanto ele tentava encontrar sua baia, enquanto passava por todos aqueles olhos tão vazios quanto os de um gato se aliviando no melhor travesseiro da sua mãe. Estava tudo ali, não importava aonde ele fosse, ele sempre naquele elevador, seu corpo vendido por um salário mínimo e sem auxílio-doença. O trabalho tinha se tornado outro fluido em seu corpo e, um dia, ele ficaria saturado de enfermidades e tão feio quanto a cadeira em que estava sentado.

E ainda assim, o telefone não parava de piscar.

"Obrigado por aguardar. Meu nome é Jimmie. Como posso ajudar?"

"Estou naquele hotel chique de Munique, alguma coisa com Bávaro no nome."

"Parece que a senhora escolheu uma localização excelente."

"Não tô nem aí pra localização. Ou pra essa cidade com todos esses nazistas velhos de casacos de pele, quero saber do quarto."

Jimmie costumava ignorar as regras e dar um Google nas pessoas enquanto falava com elas, mas nesse caso nem precisou fazer isso. Ele sabia que ela tinha as mesmas rugas que sua mãe entre os peitos, aquele sinal de idade tão traiçoeiro. Pele que ficara flácida e esgotada. Ao contrário da mãe, ela portava o corpo com orgulho e, na cabeça dele, falava com aqueles lábios perfeitamente falsos nos quais Helena tinha gastado suas últimas economias. Esta mulher não obedecia aos antigos preceitos de fertilidade e vergonha que a teriam proibido de ter prazer além dos bons anos de propósito reprodutivo, como um velho padre fedorento numa batina suja, que esconde a pele por receio de tentar os deuses. Esta voz era diferente, livre das camadas sombrias que sua mãe não conseguia viver sem.

"Não é do seu gosto?"

"Essa é bem a palavra. As pessoas aqui são queridas e não muito alemãs, mas o quarto é laranja."

"Laranja?"

"É, laranja. Até o papel higiênico tem cheiro de pêssego."

Um laranja gritante como a maquiagem no rosto de Helena quando ela era vista por baixo sob a luz do banheiro? Ou um laranja inatingível como o pôr do sol daquela foto falsa atrás da mesa da recepção no andar de baixo, destinada a desviar a atenção das feições inclementes dos seguranças? Talvez um laranja ferrugento como o das letras douradas descoradas no alto da funerária de John Nobes? Era difícil imaginar o cenário daquela reclamação.

"E laranja não é uma cor legal?"

"Depende das suas preferências. Eu não consigo entrar de verdade no clima se as cores estiverem todas erradas."

"Ele te lembra um saco de sequilho?"

A risada dela era cheia do tipo de confiança que ele queria que sua mãe tivesse encontrado em si mesma.

"É só que eu tive um dia muito puxado e queria poder relaxar um pouco."

"E não dá para só mudar de quarto?"

"Todos são laranja."

"Parece que a senhora está em uma daquelas redes de fast food onde eles usam cores agressivas para desestimular as pessoas a ficarem muito tempo."

"Quer dizer que você acha que estão fazendo isso de propósito, para garantir que as pessoas mantenham as mãos por cima das cobertas? Será que é um troço católico?"

"Eu não saberia dizer, senhora. Não sou padre, muito menos freira. Para ser honesto, nem mesmo fui batizado, mas sei que escolheram a cor laranja para os nossos banheiros aqui pela mesmíssima razão."

"Mas esse não é o lugar certo para você se sentir bem. Sempre se valorize."

Ele tentou sorrir apesar dos cantos mais afiados de suas memórias.

"A senhora gostaria de cancelar a reserva?"

"Não se preocupe. Vou fingir que sou uma freira solitária. Só me prometa que vai arranjar algo melhor do que esse banheiro laranja, está bem?"

Sua resposta foi mais um aceno de cabeça, a voz silenciada sob aquele cuidado repentino, como se uma mãe tivesse acariciado seu cabelo. Um gesto que ele sempre desejara como um bichinho carente. Quando criança, ele insistia para que a Signora lavasse seu cabelo. Reclamava que precisava de condicionador e que tinha medo das lágrimas provocadas sempre que ele tentava lavar sozinho. A alegria sentida nas poucas vezes que ela concordava, quando ele sentava dentro da velha banheira descascada e ela na borda, massageando o xampu com fragrância de maçã em seu cabelo enquanto ele segurava uma toalha de rosto molhada sobre o rosto para proteger os olhos. As sensações todas de repente eram de ternura e confiança, já que a água que ela usava para lavar os cachos dele — a cabeça levemente tombada para trás — lembrava um abraço amoroso. Ele ainda conseguia sentir o gosto da água pingando do tecido molhado em sua boca sorridente, e gostava de pensar que ela lhe sorria de volta naquele banheiro mofado onde queria ter permanecido, para sempre confortado por um mundo que não podia ver.

Jimmie olhou ao redor e pensou se podia culpar o estado do carpete sob ele por suas disfunções, mas as cores desbotadas pareciam totalmente indiferentes a suas reclamações. Não havia quem responsabilizar por aquela feiura eterna de um escritório de faz de conta, onde até o idioma deles era só uma tentativa medíocre de uma realidade corporativa que nunca se refletiria em seus contracheques semanais.

Sem nem virar o rosto, Jimmie sentia que Wolf estivera ouvindo.

"Como assim você não foi batizado — você não é italiano?"

Wolf olhava para ele com a curiosidade honesta de uma mente estreita.

"Meio que sim. Mas não dava para ser batizado com o meu nome."

"Por que não?"

"Porque no meu vilarejo você só podia ser batizado pelo padre católico se escolhesse o nome italiano de um santo. E acho que o santo Jimmie ainda não está no registro deles."

"Sempre achei o seu nome meio estranho. Imaginei que era um apelido."

"Não, é o meu nome verdadeiro. Não um lubrificante para facilitar as coisas para os outros."

"Não é muito típico, sabe?"

"Sei. Meu nome não é Giuseppe ou Massimo e eu não sou católico. É difícil de engolir."

"Então, você não é italiano de verdade. Isso explica."

Jimmie vestiu o capuz e ficou encarando seu esmalte velho. O azul-escuro descascado agora parecia inadequado, e ele desejava alguma coisa mais fresca, um tom verde-claro ou até um violeta suave. Uma cor que tivesse tudo a ver com a primavera e seus momentos secretos, que fosse como boiar em água cristalina com árvores delineando o céu no alto. Ele ficou inseguro sobre o que Wolf de repente tinha entendido a seu respeito, uma coisa que ele mesmo nunca conseguira entender. O alemão esquisito falava como se uma lei da natureza tivesse escolhido se revelar naquele exato momento, baixado as calças e mostrado a todos o que realmente ele era. Como se um conhecimento tivesse acabado de cair da árvore e ido parar bem na cabeça de ovo horrorosa dele e agora fosse claro por que a própria cultura de Jimmie costumava ser um mistério para si. Por que ele nunca tinha entendido como — se não para atiçar as fantasias das pessoas ao ter um belo jovem no quarto delas — Jesus salvou o mundo ao ficar pelado e desgraçado num pedaço de madeira. Ou por que todos os italianos usavam o mesmo casaco comprido no inverno e como era possível representar uma identidade que ele não possuía totalmente. Como ele tinha fracassado tão miseravelmente em ser o filho da sua mãe.

E o que é afinal um país, Jimmie se perguntava ao olhar as mesas atarefadas, todos os idiomas diferentes pairando sobre elas, o murmúrio de suas palavras fazendo uma dança como um sem-número de passarinhos. Uma formação bonita, mas que jamais revelaria todos os segredos; uma dança com que suas línguas tinham nascido, que os fazia reconhecer suas asas e se maravilhar com os passos e giros uns dos outros. Será que cada uma dessas revoadas era um país? Jimmie gostava da ideia de si mesmo como um pássaro gordo tentando dançar com aqueles com quem não tinha nascido, enquanto sua própria revoada desaparecia lentamente no horizonte, levando com eles seus sinais. Ele sabia que era possível dançar com outros pássaros, que ninguém nunca entendia cada uma das palavras que diziam porque as palavras tinham um gosto diferente em cada boca. Uma revoada só era uma revoada quando vista de baixo, caso contrário era só a sua vida. Jimmie sabia que os melhores momentos eram aqueles com o pé no chão: um espaço onde ninguém tinha um país e era como acordar sem saber onde você está. Nenhum idioma era inteiramente conhecido, toda língua tinha variação. Nenhum país era real além das fronteiras da nossa imaginação.

Ele levantou e se espreguiçou e podia sentir a parte de baixo da barriga escapulir pela camiseta e começar a roçar o interior do moletom da empresa. Como tudo o que ele já tinha vestido na vida, era apertado demais, outro lembrete de que nunca haveria para ele um modelito folgado, que seu corpo nunca tinha sido uma fonte de alegria. Ele nunca seria capaz de andar como Helena, com a confiança ferrenha de alguém que consegue qualquer príncipe, padre ou mãe para trepar. Olhando para Helena agora, enquanto ela falava para o novo cara francês ao lado da baia dele com Wolf sobre como compreender o verdadeiro significado do atendimento ao consumidor sem assistir pornografia no trabalho, ninguém poderia imaginar que ela era uma riquinha da Catalunha, destinada a assumir o império de produção de carne de porco da família e a se casar com um homem asseado de membros esbeltos também de uma boa família. Helena estava destinada a ser uma espécie de rainha do porco regional, criada numa terra que se tornara infértil por todo o excesso de sangue animal, corações mais abundantes do que os de seus tiranos humanos, mas ela decidiu levar a cabo uma revolta em nome deles. Foi deserdada pelos pais depois de um período rebelde num clube de strip em Barcelona, por ter ido atrás dos prazeres da carne. Ela já não era respeitável, mas divina. Usou o corpo para entreter os outros e se contaminou com um incurável amor pelo tablado que fazia seus olhos cintilarem até quando ela fingia estar trabalhando. E então ela partiu para o exterior para dar duro por suas novas curvas e atributos, mudou de nome e humilhou a família ao trabalhar como uma imigrante medíocre. Apesar da desconfiança esporádica com a qual Jimmie estava bem acostumado, dados os outros rostos ao seu redor — o pequeno tique aqui e ali, resquícios de um mundo onde você nunca trocaria conforto e tecidos caros por uma ambição vulgar —, ele sempre sentia em Helena o orgulho de alguém que saiu do útero pronto para uma aventura.

"O que você tá procurando, Don Corleone? Quer outro chiclete?"

"Só estava admirando o seu batom. Esse tom de vermelho é uma loucura, e você passa com tanta perfeição."

Helena abriu aquele sorrisinho forçado que parecia erguer seu nariz, e não dava para ele saber se a voz dela estava tingida pela fofoca ou se ela ainda mantinha o tesouro debaixo das asas.

"E tudo graças a você, por me deixar usar os seus lindos lábios para testar. A prática leva à perfeição."

"Dá pra ver."

"E olha só pra você! Agora também tomou gosto pela coisa."

"É uma ocasião especial."

"Sexta safada?"

O jeito do olhar dela o deixou nervoso.

"Eu tenho meus motivos."

"Quer que eu retoque pra você?"

"Não sei se tenho tempo hoje."

"A gente pode usar o banheiro feminino dessa vez."

"Foi mal."

"Cuidado pra não aceitar doces de estranhos, hein?"

Quando ela deu as costas, Jimmie de repente sentiu os remorsos de seu corpo correrem até sua cabeça e ficou quase contente pelo encontro que tinha com Simon. Estava ciente de que Helena sabia que, segundo a hierarquia dos corpos, ele nunca poderia arrastá-la consigo para o submundo inglório do desemprego. Eram sempre as pessoas bonitas da primeira classe que conseguiam um lugar no bote salva-vidas, os corpos que tinham sido bem cuidados. Os vestígios da infância de Helena, confortada pelo dinheiro dos porcos, ainda estavam lá para todo mundo ver, e Jimmie sabia que, confrontados com as mesmas acusações, seus corpos sofreriam consequências muito diferentes.

Ele tentou puxar a camiseta sobre a barriga de novo sem ninguém perceber e voltou a sentar diante da mesa.

"Jimmie. Você pode, por favor, puxar essa ligação para mim e pedir para a pessoa esperar? Minha digestão está meio hiperativa hoje."

Wolf nem esperou a resposta e correu para o banheiro — os lencinhos de bunda muito provavelmente escondidos numa bolsinha pendurada no pescoço debaixo do moletom.

Jimmie estava prestes a ser bonzinho e atender quando Simon, brusco, acenou para ele tirar o fone e o obrigou a deixar a ligação cair de volta no vácuo infinito da fila de chamadas. Dava quase para Jimmie ouvir um desafortunado turista alemão gritar enquanto era sugado de volta para o caos de um apuro solitário — Wolf era o único que falava alemão do setor de reclamações naquele turno hoje, e levaria um tempinho até ele se considerar limpo o bastante para voltar à mesa. Ainda que nunca o tivesse seguido, Jimmie sabia que Wolf tinha hábitos de higiene exagerados, que talvez fosse um daqueles maníacos que só conseguem se aliviar se estiverem completamente pelados.

"Você já cancelou seus compromissos, Jimmie?"

Simon estava parado ao lado dele agora, uma mão na paredezinha que o separava de Wolf, as veias de suas mãos saltadas sobre os nós dos dedos. Jimmie amava aqueles dedos, e o modo como Simon às vezes os passava sobre os lábios quando estava perdido em pensamentos. Agora mesmo, nada no rosto dele sugeria batom cor-de-rosa ou um boquete sueco do lado de fora da casa dos pais dele. Não havia satisfação alguma escondida em seus traços, apenas o rigor que Jimmie achava tão tentador.

"Desculpa, ainda não conversei com a Elin."

"Eu preciso muito falar com você."

"É tão urgente assim?"

"Bastante."

"Acho que sempre dá pra remarcar as coisas com ela. A gente só ia ficar de bobeira, não era um encontro ou nada do tipo."

Simon não retribuiu o sorriso.

"Por favor, faça isso. Eu venho te procurar depois do meu turno e a gente conversa num lugar mais reservado."

Havia um quê de oficial em seu corpo. Quando Simon voltou para a mesa dele com aquelas costas muito eretas, Jimmie o imaginou examinando alguns dossiês de um arquivo secreto ou assinando a sentença de morte de alguém. Quando pensava no domínio escondido naqueles dedos, conseguia sentir seus lábios intumescerem e seus olhos perderem o foco. Suas vogais se atropelavam quando ele tentava ao mesmo tempo falar e imaginar aqueles dedos agarrando firme seus cabelos, obrigando-o a fazer coisas que ele não tinha certeza se queria. Jimmie sabia que era raro, mas que milagres às vezes aconteciam para gente gorda, e imaginou brevemente que aquilo não tinha sido nada além do jeito desvirtuado de Simon flertar em público; que Simon percebera que Jimmie tinha muito mais a oferecer que uma escandinava saudável com um fascínio adolescente por cores néon que sonhava com uma vida na floresta. Dividir algum afeto com um italiano poderia ser tão doce e delicado quanto *A primavera* de Botticelli.

Foi sobretudo por causa de sua estranha obsessão por Simon, mistura de medo e devoção, que Jimmie tentou fazer seu trabalho direito e não recorreu ao consumo de conteúdo adulto na mesa. Ou pior ainda — à comida. Tal como em todos os lugares sem interesse real em higiene e com um faxineiro que costumava ficar chapado de chocolate quente roubado, no call center havia muitas regras de higiene. Mas, como em qualquer lugar oficialmente desconfortável, eles apenas faziam cumprir as normas que contribuíam para a humilhação das pessoas. Se você fosse pego com um pacote de salgadinhos ou uma das barras de cereais gratuitas de Daniel, uma vez impedidos de raspar sua cabeça, eles o repreendiam na frente da equipe inteira e o obrigavam a descartar todos os seus comestíveis na lixeira mais próxima ou deixá-los na mesa do supervisor até o fim do turno, permitindo a eles a liberdade de contaminar sua comida com as partículas corporais sobressalentes. Jimmie tinha mais pavor desse tipo de violência jubilosa do que da dissecação de suas ligações, e a ideia da equipe inteira encarando sua comida e depois seu corpo o impediam de ter na bolsa sequer uma pastilha para tosse. Em vez disso, ele sempre deixava sua comida na mochila de Elin — seu corpo esguio corria menos risco de ser flagrado.

Pelo menos os funcionários da Vanilla Travels Ltda. não eram tratados tão mal quanto as pessoas das histórias de Wolf. Outro dia ele contou a Jimmie que, quando ainda morava na Alemanha, precisava vender assinaturas de jornais e revistas pelo telefone — uma versão moderna do obsoleto assédio porta a porta de grupos de vendedores, instituições de caridade e religiões. Wolf vivera algo semelhante à vida de uma revendedora da Avon desdenhada, tendo que infligir dor para pagar a própria comida. Ele visava pessoas velhas que fariam uma décima sétima assinatura da mesma revista só para poder conversar com uma pessoa que não estivesse na tevê. Os supervisores de Wolf ficavam muito irritados e rancorosos se eles não alcançassem as metas e, uma vez, seu colega, um homenzinho da Romênia cujo nome Wolf tinha esquecido, ficou a noite toda trancado no escritório como castigo por não encontrar o número certo de pensionistas ingênuos, trazidos de joelhos rígidos por anos de negligência. Jimmie pensava muitas vezes no homenzinho da Romênia, perguntando se seu nome era Alexandru ou

Bogdan, se ele mesmo já tinha feito o papel de um dos parentes dele e se um incidente parecido, possivelmente envolvendo um freezer ou um caminhão frigorífico, causara a perda dos dedos do pé de Wolf.

"Você puxou a ligação, Jimmie?"

"Desculpa, Wolf. O Simon me pediu pra sair do telefone."

"Vamos torcer para que isso não atrapalhe as minhas avaliações."

"O que é que eles vão fazer? Trancar você aqui à noite?"

Ele tentou sorrir, mas detectou no rosto de Wolf o medo de ser pendurado pelos pés e surrado com revistas velhas de fofoca e fios de telefone arrebentados. As sombras que o seguiam em sua migração, como se fossem parentes indesejados. Jimmie sabia que era errado desejar tortura e que aquelas histórias mereciam toda a sua compaixão e respeito, mas a ideia de ser asfixiado por Simon com seu cinto de couro lhe dava uma sensação gostosa entre as pernas.

"Você podia pelo menos atender suas próprias chamadas."

Ele odiava quando Wolf ficava emburrado, a pequena ilha deles de repente virava um lugar de tensão e desconforto.

"Obrigado por aguardar. Meu nome é Jimmie. Como posso ajudar?"

"Tem um cabelo no meu travesseiro."

"Sinto muito, senhora. Será que não é seu?"

"Definitivamente não. Esse aqui é comprido, escuro e encaracolado. Eu fiquei grisalha faz muito tempo."

"Parece que a senhora tem um bom olho para cabelos."

"Foi assim que peguei a minha ex-namorada no flagra. Aquele cabelo também era muito diferente do meu."

Jimmie começou a estender a mão em direção aos próprios cachos — nunca mexeram com a fidelidade de ninguém, nunca foram uma pista em enigmas de emoções desatadas. Ele conseguia imaginar o travesseiro para o qual ela olhava — o tipo de branco que você gostaria de encontrar num hospital inglês mas que só existia em hotéis e naqueles resorts fantásticos que cuidavam de corpos afortunados — o tipo de branco que não parece conter segredos, que não tem medo de memórias pois não tem como se aferrar a elas.

"Eu sei que essa não é a questão, mas sabe o que é acordar num domingo de manhã depois de ter viajado a trabalho a semana inteira, e aí finalmente chegar em casa e de repente se dar conta de que tem um cabelo de uma estranha no travesseiro da sua companheira?"

"Receio que não, senhora. Eu ainda moro com a minha mãe."

"Foi o momento mais ridículo da minha vida."

Jimmie conseguia ouvir ela engolindo o choro e sabia, graças a sua sessão de treinamento de três horas com Helena sobre como lidar com agravamentos, que quando as pessoas estavam agitadas era melhor apenas deixá-las falar. Nenhuma emoção dura para sempre. Por alguma razão, o fio de cabelo que ele imaginava agora no travesseiro da mulher era um dos cachos de cor viva de Helena — aquele tom de vermelho com o qual ela sempre voltava de Barcelona, que era tão bonito a ponto de todo mundo achar ser verdadeiro. Ele via seu carmesim reluzente, e quase podia imaginar o cachinho sorrindo com aquela presunção que Helena tinha aperfeiçoado na escola de teatro. De repente Jimmie captou a tristeza de tentar curar um coração partido em um hotel spa duvidoso nos subúrbios de Praga.

"É como se todo mundo estivesse tirando sarro de mim. Pela minha bunda flácida, minha cara estranha, o jeito como eu tomo meu chá. Tudo o que me diz respeito passou a ser ridículo. Mas esses são problemas de gente velha, você provavelmente é um desses jovens que nem acreditam mais em relacionamentos."

"Acredito neles, sim, senhora — só não chego a praticá-los. E eu sei o que quer dizer, é difícil se sentir atraente sozinho. Mas e quanto ao quarto? Devo pedir que troquem para a senhora?"

"Não tem mais nada de errado. E o lugar é perfeito para quem não quer visitar a cidade."

"Provavelmente foi alguém do serviço de quarto que não teve muito cuidado com o cabelo. Tenho certeza de que trocaram os lençóis antes da sua chegada."

"Mas o que é que eu faço com o cabelo?"

"Quer que eu seja honesto?"

"Pode dizer."

"Deixa. Deixa ele aí e finge que você deu uma trepada extraordinária. Não tem nada de errado em acreditar na sua própria história."

A risadinha dela lhe disse que era seguro deixá-la sozinha na companhia do fio de cabelo de uma camareira tcheca.

Jimmie recostou na cadeira, um troço rangente sem apoio de braço que mal suportava seu peso, o tecido verde barato gasto pelos vestígios das ansiedades de outras pessoas. Apoios de braço eram só para Simon e agora Daniel, líder da equipe e seu assistente, orgulhosos proprietários de conforto básico. Jimmie foi um pouco mais para trás, sentindo o plástico que tentava resistir a seu corpo prestes a rebentar. Ele não sabia dizer se Daniel estava em sua mesa, tampado por diversas telas que lhe davam acesso à performance de todos. Pequenos gráficos que cresciam do zero todos os dias, como dedos de zumbis se erguendo num cemitério. Mas pelo menos uma daquelas linhas patéticas teria o nome de Jimmie e ele estava contente que Daniel teria que encarar aquelas seis letras de agora em diante.

Jimmie não queria que Daniel achasse que estava o procurando, ou revelar cedo demais seus lábios pintados de uma cor viva — o tom escolhido para ele. Estava ansioso para falar com os outros caras israelenses, os amigos de Daniel das cestas de verduras, famosos por trabalhar nos turnos dos feriados cristãos e tão fissurados por fofoca quanto os italianos. Até Simon às vezes ia lá bater um papo, especialmente porque todos eles estavam atrás da mesma *shikse* de lábios espremidos. Jimmie tinha aprendido a palavra *shikse* num dos funerais judaicos em que o sr. Nobes o alugara. Caía como uma luva para Elin. Olhando para ela, sempre parecia que todos os seus ancestrais tinham sido loiras amantes de vikings que deram à luz filhos de olhos azuis com uma pele translúcida que teriam deixado qualquer nazista tonto de prazer. Os caras israelenses por certo saberiam se o encontro de Elin com Simon tinha sido um sucesso, se dessa vez ela dera sorte e encontrara alguém disposto a se engajar na sua visão da boa vida.

O amigo de Daniel, cujo nome Jimmie sempre esquecia, nunca estivera disposto a levar seus sentimentos por Elin a sério, até que arruinou seu único encontro por não saber valorizar a importância de ter um termo para o equivalente feminino de punheteiro. E de Elin ter orgulho de ser uma punhetisa. Jimmie conseguia entender — eles eram iguais à décima quinta geração de italianos no exterior: também preferiam manter as coisas em família e de vez em quando comer um fruto proibido. Jimmie sempre se sentira bastante em casa naqueles funerais judaicos, onde ninguém nunca contestava sua descendência da terra santa. Afinal, a Itália toda tinha portos o suficiente para reivindicar qualquer ascendência. Ele amava usar a touquinha enquanto ouvia as vogais tristes deles, e ainda que nunca tivesse completado um *shivá*, ele nunca se sentira excluído como o era pelos hábitos de Daniel. Nunca se sentira um fruto proibido e, se fosse mais esguio, era capaz de ter rasgado a camisa ao saber da morte de sua mãe. Infelizmente, ela se recusava a morrer, e o peito dele não era nada digno de exposição. Os pelos relutantes ao redor de seus mamilos pareciam incapazes de decidir se ele estava ou não destinado a se tornar um homem mediterrâneo peludo como Daniel, cuja epiderme estava para sempre protegida por seu próprio casaco de pele. Ou, talvez seu sistema tivesse se ajustado à remoção precoce de sua terra natal e seu corpo peludo parecesse tão alienado quanto sua língua — Jimmie há muito tempo botava a culpa daquilo na falta de presença divina na comida que eles ingeriam nessa ilha britânica. Deve ter sido essa a razão para seu corpo não ter se desenvolvido do modo que teria feito no outro país, onde, de acordo com sua mãe, até o último tomate podre tinha uma personalidade, uma paleta de cores que fazia você se sentir vivo.

Wolf ainda estava de luto pela avaliação de suas chamadas, quando Jimmie acenou a Simon pedindo permissão para levantar e atravessar o andar, passando pelo estranho dinamarquês e rumo ao mundo mais luminoso da equipe de reservas para encontrar Elin. Ela era o tipo de pessoa que conseguia ficar sempre com a mesma mesa na mesma baia, deleitando-se à luz natural do dia como o líder nato de um galinheiro; ela sempre estava no topo da cadeia com os outros escandinavos, perto da única janela grande da equipe deles. Seu fone sempre aparentava estar limpo e até sua cadeira parecia menos capenga do que a dele, como se fosse feita de um material superior. Jimmie costumava se perguntar como ela tinha ido parar naquele lugar, por que deixara um lugar tão perfeito e bonito como a Suécia. À medida que se aproximava de sua mesa, já dava para ver que ela estava mordendo o interior das bochechas enquanto encarava sua caixa de entrada, e o modo como seus lábios se moviam no rosto fazia com que parecesse prestes a virar outra coisa, um animal tentando se libertar de um velho casaco, um carro *transformer* enguiçado em seus movimentos finais. Quanto mais ela mascava, mais Jimmie esperava que todo o corpo dela acompanhasse e passasse a tremer nos mesmos movimentos quadradões. A linha definida, quase retangular de suas mandíbulas lembravam Jimmie da estética do seu primeiro Game Boy e era inevitável para ele cantarolar algumas de suas melodias. Será que Elin fez sons do Pac-Man ao se aproximar do pau de Simon com sua boca cor-de-rosa? Ou será que seu corpo emanou os sons trituradores do Tetris enquanto trepavam na cabine do banheiro nos fundos do bar do andar de baixo? Será que seus membros também desapareciam conforme iam se encaixando direito?

"Você já tá fazendo o seu intervalo? Achei que a gente tinha falado às seis. Você sabe que eu não posso demorar muito."

Elin nunca tirava o fone durante as conversas rápidas, só empurrava o microfone um pouco mais para baixo enquanto os outros escandinavos olhavam para Jimmie como se ele fosse uma raposa voraz prestes a se lançar em cima de alguma coisa que merecia viver.

"Só vim porque não vou mais conseguir. O Simon me chamou pra uma conversa, não deu pra dizer não."

"Ah, é?"

Ela parou de mastigar.

"E ele falou sobre o que era?"

"Só disse que queria que a gente fosse pra um lugar mais reservado. Mas então você pode ir direto pro seu drinque."

Ela sorriu.

"É por isso que você tá de batom?"

"Ah, sai pra lá, Elin. Será que um dia você vai parar de roubar as minhas falas?"

"Será que um dia você vai parar de ser tão safada?"

"Justo."

"Depois me conta como foi."

Ela subiu o microfone de volta e Jimmie entendeu que a plateia tinha ido embora. Estava claro que Elin não ia lhe dizer nada e que ele seria obrigado a falar com os amigos de moletom verde de Daniel para descobrir se ela tinha tido oportunidade de tirar aqueles óculos dos anos 50 da cara séria do Simon.

Jimmie voltou para sua baia solitária, o canto malogrado da quinta série em que nenhum dos corpos bonitos ousava socializar. Andava o mais devagar que podia, desfrutando da sensação do olhar irritado de Simon descendo por suas costas, quando Daniel de repente apareceu na sua frente. Os olhos de Daniel eram de tons mais claros do que os dele — um tipo estranho de castanho que parecia já ter sido em algum momento de outra cor. Quando encarava aqueles olhos, Jimmie lembrava por que algumas pessoas consideravam uma bênção cegar animais em determinadas situações. Também seria melhor que os olhos de Daniel não vissem o que o coração dele não aguentava sentir.

"Jimmie! *Hamud*. Como você está?"

"Quase não te reconheci no seu novo visual."

"Você também está diferente."

A voz dele passou a ter um tom distinto, mais oficial, como a de Simon. Em outra língua, ele provavelmente teria mudado para um registro mais formal para esconder o desconforto que sentia sob sua camisa nova.

"Mas que surpresa você reparar nos meus belos lábios novos."

"Jimmie."

"Dada a sua nova importância."

"Na frente dos outros não, por favor. É o meu primeiro dia."

Jimmie podia enxergar o sofrimento irresistível brotar nos olhos de Daniel, a dor que só os pigmentos dele reuniam tão lindamente.

"Claro que não. Todos sabemos que você é um homem muito reservado."

"Olha..."

"Nem se dê ao trabalho. Da minha parte você não precisa ter medo, eu já preciso voltar para a mesa, senão você talvez tenha que me dar uma advertência."

Jimmie tentou parecer ocupado, mas sabia que era um péssimo ator. Ainda bem que quase sempre atuara diante de gente morta. Ele saiu andando sem olhar de novo nos olhos de Daniel; podia sentir a tristeza daquela manhã voltando, e não queria que ele a percebesse.

"*Ach*, Jimmie. Tem uma chamada te esperando faz uns minutos e achei que você mesmo ia querer cuidar dela."

Wolf sempre soava como uma versão de quinta do Conde Drácula quando tentava demonstrar entusiasmo, e Jimmie entendeu que a paz entre eles tinha sido restaurada.

"Valeu pelo aviso, Wolf."

Jimmie sentou, quase aliviado por não ver nada além do botão vermelho piscando.

"Obrigado por aguardar. Meu nome é Jimmie. Como posso ajudar?"

"Não estão deixando a gente ficar pelado aqui. Estão alegando que é um hotel de família."

"E no momento o senhor está vestido?"

"Achei que fosse tranquilo ficar pelado na sacada enquanto a minha esposa tirava um cochilo."

Jimmie se esforçou muito para resistir às imagens que a voz afável de meia-idade suscitava, mas ela era pegajosa como uma cortina de chuveiro molhada. Nesse ponto ele quase preferia as vozes rudes às que o arrastavam para o calor do quarto de hotel iluminado pelo sol num fim de tarde em que os turistas tentavam trepar se preparando para o jantar e outras ditas diversões. Ele ficou tentado a bater o telefone e a se esconder no banheiro até que outra pessoa tivesse lidado com o casal nudista no hotel de família.

"E como eu posso ajudar?"

"Minha esposa e eu, a gente preza o nosso bronzeado, se é que você me entende."

"Receio que eu não esteja entendendo, senhor."

"Bronzeado por inteiro. É o que a gente quer. Sem marcas, na frente e nas costas e especialmente nas partes baixas. Mas agora o gerente do hotel disse que a gente não pode ficar pelado na área da piscina por causa das crianças. E nem tem praia de nudismo aqui perto."

Jimmie sentiu um leve engulho subir sorrateiro pela garganta. Ele tinha que obrigar seus olhos a ficarem abertos para ajudá-lo a resistir à ofensiva de intimidade indesejada que só conseguira chegar até ele por meio de uma combinação de números e do destino. O estranho sistema de códigos e botões que conectavam as pessoas no mundo todo tornavam qualquer um disponível através de cabos acomodados no fundo do oceano. O mundo parecia tão pequeno, e mesmo assim Jimmie encontrou consolo nesta imagem, sua voz em algum lugar lá embaixo na escuridão impenetrável do profundo mar azul, toda uma eternidade de liberdade entre ele e a outra ponta. Todo um mundo de criaturas desconhecidas de que ele de repente se lembrava ao pensar em seu encontro com Simon e o possível fim de sua carreira como garoto de call center agora parecia um repentino raio de sol numa floresta subaquática. Uma primeira insinuação de que ele poderia se juntar às criaturas não descobertas, se quisesse. Haveria espaço para ele na escuridão lá embaixo.

"Não sei muito bem como descrever, mas somos uma agência de reservas bastante convencional. Não atendemos necessidades tão especiais como essa."

"Está querendo dizer que a minha mulher e eu temos necessidades especiais? A gente não está pedindo nenhuma rampa de acesso."

"Não, senhor, só quis dizer que não oferecemos nenhum pacote 'especial' em nosso catálogo — não temos nudismo, aulas de tantra, taxidermia de borboletas, nenhum *escape room* ou qualquer coisa do gênero."

"Então você acha que sou um pervertido?"

"Eu nunca disse isso. Estava apenas tentando explicar a política de nossa empresa para o senhor. Sua solicitação só é específica demais para nós, além disso, sempre orientamos todos os nossos clientes a verificar as condições do hotel antes de fazer suas reservas."

"Mas a gente está aqui agora. O que você quer que a gente faça?"

"Acredito que eles vendam roupas de banho na recepção ou perto da praia. Ou então o senhor talvez possa se encapar com uma meia?"

"Nossas preocupações são legítimas, e não estou gostando nada nada do seu tom."

Jimmie não pôde deixar de pôr a conversa no mudo por um instante. Wolf o encarou quando ele desatou a chorar de rir pela primeira vez em dias. Nunca entendera por que era tão importante ficar bronzeado já que ter a pele naturalmente escura era recebido com tanta hostilidade. E a ideia de um cara inglês qualquer com uma meia de tênis barata enfiada no pau, vagando por um resort de família na Sardenha tentando pegar um bronzeado que sua pele nunca seria capaz de manter, era simplesmente demais para aguentar. Ele levou quase um minuto para se recompor.

"Desculpe, mas tive que discutir o caso com meu colega do setor de pacotes para resorts. Ainda que também estejamos bastante preocupados com as marcas nas suas partes íntimas, receio que não há nada que possamos fazer além de orientar o senhor a comprar roupas de banho ou passar a viagem dentro do quarto. Meu colega também me informou que o senhor pode se bronzear com a porta de vidro fechada — só não fique de pé muito perto dela, é possível que as crianças o vejam. Esperamos que aproveite o restante de sua viagem."

Ele desligou antes que o fantoche pau de meia pudesse dizer qualquer coisa.

"Quase esqueci de falar, o Daniel estava te procurando no seu último intervalo."

Wolf obviamente achou que era melhor não discutir aquela repentina crise de riso, caso Daniel pudesse voltar. Cada pequeno silêncio era um lembrete de que a risada descontrolada era a mancha da anarquia.

"Ele falou o que queria?"

"Não. Receio que ele quisesse ver fotos do seu cachorro de novo."

"Meu cachorro era um gato. E não se preocupe, a gente se cruzou e não tem mais nenhuma foto do Henry."

"É melhor assim. Não é nada adequado para um homem como o Daniel passar tanto tempo com você e as suas fotos de gato. E você consegue se sair melhor que isso, não precisa se esconder atrás de um bicho de estimação bobo."

Wolf voltou para sua tela, fazendo Jimmie sentir como se tivesse acabado de tropeçar no buraco onde costumava haver uma árvore viva.

Eles às vezes olhavam fotos de Henry juntos, e Jimmie não ligava se Wolf achava que aquele não era um comportamento adequado para adultos. O que é que ele sabia, com os seus lencinhos de bunda e seus calçados sisudos? Crescer simplesmente não era uma opção. Quando Jimmie pensava no futuro ele não conseguia ver nada de novo, só enxergava as mesmas coisas de sempre manchadas pela idade e pela decadência, a pele cedendo ao seu peso. Os pulmões esmagados sob o peito e seu salário ainda baixo demais para comprar uma lava-louças. Ao se olhar no espelho, o reflexo não era uma das caras felizes que o banco usava para tentar incitá-lo a contrair dívidas, um rosto que encarnava a estabilidade e uma relação aprovada pelo Estado. Nunca era o rosto de alguém que continuava a morar com a mãe, esperando a morte dela como sua única esperança de certa independência. O rosto dele era o de alguém que invejava o rosto da própria mãe, porque mesmo depois de anos embebido em dor, ela ainda era capaz de atrair um amor.

Jimmie já não estava a fim de falar com Daniel de nada daquilo, especialmente do gato, e se continuasse calado poderia acabar por se safar ao fingir que nada tinha acontecido. Conhecia Daniel, sabia que ele ia só começar a falar umas coisas motivacionais de novo. Ele o lembraria dos bons tempos que achava que tinham vivido quando se apresentavam como palhaços para a prole de gente rica. Que essa era uma etapa natural na carreira de todo ator. Daniel nunca mencionava que era raro corpos como os deles figurarem nas telas, e que eles nunca inspirariam desejos comercialmente aceitáveis. Jimmie nunca mais queria pensar naquela festa específica de aniversário no verão e naquelas crianças. Ele não era mediterrâneo o bastante para compartilhar o entusiasmo e nunca superou sua decepção com a feiura daquelas crianças, um bando de gente criada a leite com pera que parecia ter sido parida por uma bolsa de água quente, carinhas já bafejando privilégio e a exaustão de ter opções demais. E ele e Daniel em fantasias baratas de palhaço tentando enfrentar o calor daquele dia de verão. Jimmie tinha certeza de que Daniel lançara mão de seu sorriso das festas infantis para conseguir seu novo cargo, agindo como se ainda usasse as camadas grossas vermelhas e brancas de maquiagem de palhaço. Mas naquele dia de verão o calor era real, e Jimmie descobriu o que jazia por baixo das camadas. Longe de tudo, Daniel sorria como um amante que sabia que o amor raramente surgia em dois espíritos ao mesmo tempo, e Jimmie desejava que ele tivesse sido capaz de apreciar as sutilezas daquela melancolia.

Entediado como sempre, Jimmie enfiou a mão no bolso e achou um chiclete da semana anterior. Presentinho da Helena. E, já que achava que a tentação era um sinal de Deus, Jimmie aproveitou a calmaria momentânea da tarde para dar uma fugida até a cozinha e desfrutar da iguaria mais perigosa do call center. A cozinha era só um pouco menos ofensiva do que o banheiro. Ela não fedia a urina e infelicidade e contava com uma janela, dava pra ver Londres no horizonte, como uma noiva cuja mão você nunca chegava a de fato segurar. Era impossível ficar sozinho lá porque ela era aberta para todo o andar e sempre estavam presentes pelo menos duas pessoas que ele nunca tinha visto, falando numa língua que ele não conseguia entender. Jimmie sempre se perguntava o que as tinha levado para lá, por que tinham deixado seus idiomas e mães para trás e decidido fincar raízes aqui. Ele sorria ao observar duas mulheres que seguravam canecas velhas entre dedos esguios, conversando como se a vida delas importasse. Ele sabia que havia atitude envolvida em viver num quarto superfaturado no exterior, uma sensação de prazer na escolha de ser miserável num lugar que não sua terra e que, desde que essa fosse uma decisão sua, você daria um jeito de se virar. Aquelas eram as ilusões ocasionadas pela dignidade de uma mente suscetível, assim como sua mãe tinha acreditado que o coração dela poderia continuar eternamente inteiro.

Jimmie sempre tinha medo de que as cadeiras de plástico dobráveis colapsassem com o seu peso, então ele apenas encostou na parede e olhou pela janela as últimas horas de um dia londrino. Levando devagar o chiclete à língua, saboreou a doçura daquela transgressão, e seus pensamentos se voltaram para a última sexta-feira, enquanto o gosto artificial rastejava por sua língua como uma criatura sem membros.

"Está pronto pra um intervalinho no banheiro comigo?"

Helena sorria para Jimmie, fazendo um beicinho enquanto falava com aquele sotaque pelo qual ele era tão afeiçoado. Quando os hispânicos falavam, dava para ouvir a língua deles, e quando Helena falava no telefone em catalão com suas amigas, Jimmie sempre pensava em minúsculas hélices de helicóptero rodando naquela boca — a língua dela soava tão ocupada que era difícil se concentrar. Quando ela falava inglês, ainda dava para ouvir a língua batendo no ritmo de seu discurso, o sotaque tão mais sutil que os finais italianos carregados de sua mãe.

"Eu estou sempre pronto pra você."

"Então vamos. Este é o meu último intervalo do dia. Depois disso eu tenho que correr e me arrumar pra hoje à noite."

Jimmie via que ela estava no clima habitual de sexta-feira — o corpo já tremeluzindo com a movimentação da noite. Como Helena já tinha derrotado o cliente misterioso, Jimmie podia apenas ignorar Simon e seguir a bundinha perfeitamente modelada dela até o banheiro, onde ela concordou em fazer um tutorial de batom para ajudá-lo a se preparar para um teste de elenco. Ao menos foi isso o que ele falou para ela.

"Masculino ou feminino?"

"O que você quiser."

"Vamos nós dois ser meninos então. Vai ter menos movimento lá, mesmo que o Simon possa nos interromper."

Ela pegou sua mão e o arrastou atrás de si.

"Vai saber? Ele pode marcar os intervalos secretos dele aqui."

"O Simon? Não seja ridículo. Tenho certeza de que a coisa mais selvagem que ele já fez foi imaginar uma garota pondo o dedo perto da sua rosca. Eu conheço esse tipinho — imagina ele daqui a dez anos com uma esposinha asseada e os primeiros sinais de calvície. Não tem nada mesmo nele que dá tesão. Esses homens nunca trepam além da barra da saia da mãe."

"Você já experimentou?"

"Querido. Por favor. Qual é o seu problema? Os homens têm uma média de nove ereções por dia — não dá para você querer ser pivô de todas elas."

Jimmie gostava quando ela falava como uma irmã mais velha, e ele imaginava por um instante uma vida onde aqueles momentos de ternura não pareceriam indevidos. Ainda que costumasse ficar acanhado com outras pessoas encostando nele, deixou ela agarrar seu queixo.

"Vamos deixar o Simon pra lá e falar dos seus lábios. Estou querendo brincar com eles faz tanto tempo. Você precisa mantê-los hidratados se quiser que as pessoas reparem nesse arco do cupido lindo que você tem. O segredo está nos lábios — sabe como sempre falam dos peitos e dos dentes, mas eu acredito que dá para conseguir tudo com os lábios. Especialmente quando eles são bonitos e carnudos como os seus. Agora vamos ver se conseguimos deixá-los macios."

Helena o empurrou para dentro de uma das cabines e lhe disse para sentar, antes de fechar a porta atrás de si e começar a inspecionar a bolsinha de maquiagem. Ele sempre gostou daquelas bolsinhas feitas de couro falso ou veludo gasto, as camadas de diferentes tipos de pó em que viviam cobertas, os vestígios de purpurina que costumavam deixar para trás e os doces cheiros da infância dos vários produtos, todos resultados de uma sede por controle. Para inventar as regras de como as pessoas viam o seu rosto. A crença de que se aplicasse as diferentes camadas de cores e cremes, lindos limpadores de chaminés começariam a dançar no telhado no ritmo da sua imaginação. Parecida com a Mary Poppins e sua bolsa de tapeçaria, os conteúdos de uma nécessaire de maquiagem eram capazes de qualquer coisa.

"Apenas relaxe os lábios. Nada de biquinho — só tem a gente aqui. Deixa eu fazer eles ficarem macios um pouco e remover as partezinhas ressecadas."

Depois de esfregar um lenço umedecido, Helena massageou devagar os seus lábios com um protetor labial. Jimmie estava feliz de poder se render a seus movimentos suaves e ao roçar ocasional de suas unhas roxas.

"Isso estimula a circulação sanguínea. Basicamente, você está ganhando uma ereção de graça aqui. Sabe como as garotas incham quando estão felizes. Meu avô me contou uma vez que as mulheres pobres lá em Barcelona esfregam um tiquinho de pimenta nos lábios — dá pra imaginar como deve arder?"

Ela riu e Jimmie notou que estava excitada, que seu corpo estava pronto para alguma coisa. Ele quis perguntar quais eram os planos dela para aquela noite, mas em vez disso só respirou fundo o cheiro do cabelo e da pele dela. Lá no andar de vendas ele nunca tinha se dado conta de que ela usava hidratante de chocolate, então Jimmie ficou dominado por uma sensação cálida de conforto físico, como um animal que comeu à vontade.

"Agora escuta. Nunca comece direto pelo batom ou pelo lápis de boca. Isso dá sempre errado, porque primeiro você tem que fazer a base. Espero que você não sinta cócegas."

Ela começou a aplicar o pó em seus lábios com um pouco da cor que ela mesma usava.

"Nossa pele é quase igual, então talvez esse funcione. Eu sempre acho que você tem sangue siciliano para ser tão moreno. Até o seu cabelo. Isso é cabelo siciliano, os italianos não costumam ter um cabelo tão bonito."

Ele gostava do estímulo das mãos em seu cabelo e o roçar em seus lábios, de dividir um objeto tão íntimo. Algumas partículas da pele dela agora estavam misturadas com a sua.

"Você tem um arco do cupido muito bonito mesmo. Puxou da sua mãe ou do seu pai?"

Um dos dedos agora se movia lentamente por seu lábio superior, e Jimmie imaginou chupá-lo, embora não gostasse das unhas roxas. Não era de jeito nenhum a cor certa para uma ereção e gerava um contraste estranho com o laranja das paredes do banheiro.

"Não, da minha mãe acho que não, e eu não sei como meu pai era, na verdade."

"Olha só! Não somos todos filhos de uma puta? Adoro. Vamos passar um lápis de boca, não esqueça que tem que ser um tom mais escuro que o do batom. E não fica com medo de passar demais — desde que você mantenha a hidratação, vai dar tudo certo. E para deixar o seu arco do cupido perfeito, vamos cruzar em cima, deixar as linhas uniformes. E definidas."

"A gente tá brincando de padre e coroinha?"

"Não se mexe, querido. A gente não precisa do sinal da cruz — está na hora de deixar tudo isso pra trás."

Aquilo era o mais perto que Jimmie jamais chegara de um corpo tão perfeito, e era gostoso ser guiado por ela. Helena com certeza nunca tinha sido a última a ser escolhida para um time nas aulas de educação física e, se os egípcios antigos estivessem certos e os ossos dos mortos fossem feitos de ouro, então Helena brilhava desde seu interior.

Depois de passar uma quantidade generosa de seu batom Florada de Cerejeira Romântica e de ter dado uns toques finais com o pincel de maquiagem, Jimmie se convenceu de que podia tentar ser alguma coisa dela.

"Sua boca está bem linda agora, Jimmie. Perfeita."

Ela se inclinou para a frente e estava prestes a dizer alguma coisa quando Jimmie de repente olhou para o chão e viu que o couro da bota dela estava tão gasto que os dedos do pé apareciam. Percebeu que ela era exatamente como o resto deles: pobre, meio patética e movida pela ilusão de que alguém descobriria sua existência um dia. As unhas dela eram de acrílico, a cor do cabelo o resultado de uma reação química deliberada, e sua mente cheia da velha fantasia de transformar um homem como ele. Ele desejou ser um daqueles mártires torrados vivos, que a sua constante desgraça estivesse pelo menos a serviço de algum propósito.

O sorriso intenso de Helena sumiu de repente quando alguém bateu na porta, o trinco frouxo sacudindo como uma promessa perdida.

"O outro vaso tá entupido, você vai demorar?"

"A gente só tá passando maquiagem."

"Vocês não deviam usar o banheiro feminino pra isso?"

"A gente é um casal meio que sortido."

Ela começou a rir antes de virar e abrir a porta, seu corpo delicado incapaz de bloquear Jimmie dos olhos de Daniel. Ele ainda vestia o moletom amarelo, suas curvas mais à mostra do que debaixo das novas camisas elegantes e, de onde Jimmie estava sentado no assento desconjuntado de privada, ele parecia bonito, com alguma coisa nos olhos que Jimmie nunca tinha visto antes. Jimmie voltou a baixar o olhar, ciente demais da quantidade absurda de cor nos seus lábios.

"Era pra ser surpresa", foi tudo o que ele conseguiu dizer assim que Helena saiu, e Daniel trancou discretamente a porta atrás deles mais uma vez.

"Surpresa?"

"Você disse que gostava."

"Você se dá conta de que a gente está no trabalho?"

"Prefere uma creche de crianças ricas?"

Ele deu um passo adiante, e Jimmie agora erguia a vista, alguns de seus cachos escuros colando nos lábios e a nova coisa no olhar de Daniel se enchendo de intenção. Jimmie corou como uma menina que de repente percebe seus dotes.

"Você é um perigo, meu amigo."

Jimmie desejou poder desfrutar da realidade do desejo de Daniel, seu sangue correndo, finalmente lá para ele. Seus quadris ansiando avançar. Jimmie sabia que queria sentir as mãos dele em seus cabelos, abrir o cinto debaixo do moletom e baixar sua cueca listrada. Alcançar a bunda dele e sentir fundo o cheiro desconhecido do seu pau. Tocar os testículos que por algum motivo pareciam pequenos demais. E, no entanto, ele não estava exatamente pronto quando Daniel perfurou essa realidade e entrou em sua boca. Quando ainda dava para ver a cor absurda do Flor de Cerejeira Romântica com o canto do olho deixar marcas no pau de Daniel, enquanto ele se rendia a um desejo que parecia justificado na busca de alívio.

Parado junto da janela e emergindo de seu devaneio, Jimmie sorriu ao se lembrar de Elin, sua punhetisa favorita, interrompendo.

"Dá pra ir logo, por favor? Não tem papel higiênico no feminino e não sou sortuda o bastante para ter intervalos de duas horas pra ir ao banheiro."

Jimmie se desfez do pau de Daniel — que tinha gosto de um dia de trabalho — e cuspiu num pedaço de papel higiênico antes de tentar limpar os lábios. Daniel o observou do alto com o terror de um homem que achava que tinha uma reputação a perder, os olhos agora apavorados e seu próprio prazer um erro que queria corrigir. Jimmie sentiu pena dele e, como uma criatura ferida, não resistiu a esse súbito desprezo pela própria fraqueza.

"Eu levo um pouco pra você. Pode ir que já chego lá."

No banheiro feminino, Jimmie se olhou no espelho, escutando o jato nervoso de xixi de Elin. Sua boca estava toda borrada — ele parecia um palhaço mal-ajambrado.

"Você está bem, Jimmie? Esse batom é bem extravagante, na minha opinião. Não sabia que você era fã do The Cure."

"Só estou explorando a minha beleza."

"Um dia vão te demitir por esses intervalos intermináveis."

Elin saiu e Jimmie esfregou um pouco mais a boca para limpar qualquer vestígio. Entrou no corredor que levava de volta ao andar de vendas quando Helena de repente parou na sua frente. O sorriso terno voltou e lhe entregou um chiclete, e ele não pôde deixar de admirar que ela devia estar bem perto de alcançar o objetivo supremo: trepar do mesmo jeito que masturbava.

"Talvez você queira um desses. Era para esse *elenco* que você precisava do batom?"

"Por que você ainda tá aqui?"

"Não pude deixar de ouvir a performancezinha de vocês — estavam parecendo os porcos num dos chiqueiros das fazendas do meu pai. Eu costumava assistir quando era criança."

Hoje Elin não estava lá para salvá-lo de suas próprias fantasias e lembrá-lo do seu dever de dar infinitas mãozinhas para estranhos no telefone. Para abrandar as ondas de descontentamento sem que ele se afogasse. Mas sentia que nem o céu que todos eles tinham em comum nem as duas mulheres com suas línguas estrangeiras excitadas quebrariam o segredo de seu motim tácito. Jimmie tentou se recompor porque sabia que ninguém queria trepar com a tristeza. Porque a tristeza é uma coisa que fede a roupa suja e a cabelo oleoso. Travesseiros mofados. Jimmie entendeu que seu corpo tinha perdido resistência, tinha amolecido de dentro pra fora, e que as cavidades sob seus olhos não estavam apenas repletas de pesar, mas, cada vez mais, de doença. De infecção e dor. Quando seus joelhos e pés passaram a doer, foi o começo da decadência, um primeiro sinal de que aquela ausência de conforto permaneceria.

Jimmie deu uma última olhada no céu. As nuvens que sobreviviam a cada escuridão sem se ferir. Era hora de sair da cozinha com seu estranho silêncio da tarde e esperar até as horas avançadas da noite antes de poder fugir para sua própria mente mais uma vez. Tempo de encarar mais algumas horas na certeza de que nenhum arrependimento deteria o desvanecer de um dia desperdiçado.

Sentado mais uma vez na cadeira de escritório quebrada, teve a impressão de voltar no tempo. Ele torceu para que agora Wolf estivesse com a barba comprida e parecesse o avô de Heidi — ou quem sabe o pastor de cabras esquisito que foi pego com pelo de animal na cueca. Talvez por isso Wolf tivera que ir embora da Alemanha. Talvez ele tivesse violado a melhor cabra de seu avô. Wolf e a única criatura que ele já tinha amado — uma bela cabra-montesa chamada Bellezza. No dia em que mandaram seu amante embora, ela não teve escolha a não ser se entregar a um corço nada perspicaz chamado Hans, que nunca aprendera a valorizar a dimensão de sua formosura. À estranha luz acima deles, quase parecia haver duas pequenas galhadas crescendo da testa calva de Wolf — seu sofrimento investindo contra o mundo como uma criatura que queria se libertar.

"Você gosta de animais, Wolf?"

"Por que você está me perguntando isso?"

"Por nada. Talvez por causa do seu nome?"

"Meu nome na verdade não é Wolf. É Wolfgang. E eu não ligo muito pra bichos de estimação, mas quando era mais novo, tive um periquito. Minha mãe comprou pra mim."

“Sempre senti tanta pena deles, são tão parecidos com a gente, presos numa gaiola a vida inteira.”

“Mas são criaturas estúpidas. O cérebro deles não chega ao tamanho de uma noz.”

“Tinha muitas cabras-montesas onde você cresceu?”

“Cabras-montesas? Eu cresci numa cidade, Jimmie, por que teria cabras? Você devia estar atendendo esse telefone em vez de ficar me fazendo todas essas perguntas. Você sabe que eles mudaram as regras e não pagam mais por horas sem tantos atendimentos. O Simon tem sido muito rigoroso quanto a isso.”

Ele balançou a cabeça — desta vez para o aparente tamanho de uma noz do cérebro de Jimmie. Ele ficava pasmo com os alemães terem encontrado um jeito de não apenas pensar em si mesmos como superiores aos ditos europeus do sul, a trabalhadores imigrantes e seus hábitos preguiçosos, mas até aos pássaros e suas mentes inferiores. Ele queria saber mais sobre aquele companheiro sofredor plumado, se também tinham inventado insultos específicos para ele, adaptados a sua origem e hábitos. Se também era chamado de comedor de macarrão e bebedor de limoncello para depreciar o que eles não conseguiam entender.

Se apenas o telefone parasse de tocar tão freneticamente.

“Obrigado por aguardar. Meu nome é Jimmie. Como posso ajudar?”

“Estou num hotel boutique no Marais e tenho certeza de que eles estão zombando de mim.”

“Os funcionários do hotel?”

“É. Não estão nem tentando disfarçar.”

“A senhora tem certeza de que eles não são só franceses? A maioria nasceu assim e não consegue evitar. É melhor pensar na coisa como um pé torto ou um problema de pele raro — eu sempre gosto de imaginar que eles são secretamente infelizes por causa disso. Tenho certeza de que adorariam ser amigáveis e ter empatia. A senhora está com sorte se hoje não deu de cara com eles se bolinando na mesa durante o expediente."

"Isso é comum?"

"Tivemos que desligar um integrante francês da nossa equipe."

"E depois eles saem por aí falando pra todo mundo da afamada vida amorosa deles. Dos seus vinhos tintos e cigarros."

"Acho que todos nós precisamos de narrativas para conseguir chegar ao fim do dia."

"Juro que aquela garçonetezinha estava tirando sarro de mim por eu ter repetido o bufê do café da manhã hoje."

Ele conseguia enxergá-la tal como se vira no velho vestido de verão da mãe naquele dia. O olhar dos outros o banqueteando como vespas. Ainda podia sentir o suor comichando seu couro cabeludo enquanto cambaleava rua abaixo nos minúsculos sapatos dela, o tempo todo consciente do próprio corpo, da barriga que nunca seria capaz de murchar. Conseguia ouvir as embalagens de doces farfalharem na bolsa dela, as mesmas que ele cansava de achar no fundo da própria bolsa, testemunhas teimosas dos breves momentos de consolo que sempre tentava esquecer. Nunca entendeu direito as calorias que as embalagens tanto contavam, fazendo ele sentir como se sua barriga estivesse cheia de pedras usadas para matar o grande lobo mau. Seu corpo era um fardo e seus doces desejos, um pecado.

"Sinto muito por isso, senhora. Posso garantir que ninguém gosta dos franceses. E prometo que nem todos eles são esbeltos."

"Só queria que eles ensinassem nas escolas que as pessoas com sobrepeso também têm sentimentos. Não somos só motivo de chacota, sabe? Tem uma história por trás da nossa forma."

"Mas também podemos ser uma fonte de alegria. Se alguém já assistiu a um vídeo de uma pessoa gorda fugindo de um rato raivoso, sabe que essa é a nossa característica redentora. Transformamos nosso pesar e nosso trauma em algo que todo mundo pode ver, de que as pessoas podem rir. Sempre me consolo com a ideia de que o mundo seria muito chato sem nós. E a senhora não vai dar a vitória final aos franceses e me fazer ligar para o hotel para esculachar a garçonete, vai?"

"Acho que isso seria uma verdadeira humilhação."

"Apenas pense em nós como feiticeiras e magos. Alquimistas. Pessoas que encontraram um modo de transformar suas aflições em ouro."

Jimmie ainda se lembrava de como, um dia, sentados no carro funerário a caminho de uma cerimônia búlgara, Nobes perguntou se ele tinha sofrido bullying na escola. Jimmie estava distraído e, ainda que tivesse permissão para inventar suas próprias histórias, se esforçou para recordar qual fora sua relação com a mulher búlgara na casa dos cinquenta atropelada pelo ônibus 98. A pergunta o pegou desprevenido.

"Você é um tipo meio sensível. E um gordinho como os labradores, sabe? Eles nunca conseguem parar de comer. Não deve ter sido fácil na escola, com o seu cabelo de estrangeiro, sobrenome esquisito e tudo o mais."

Jimmie gostava de pensar que ele e o sr. Nobes faziam um ao outro se sentir menos sozinhos. Que, apesar das diferenças dos dois e de suas dúvidas quanto a muitas escolhas estéticas do sr. Nobes, eles tinham criado um espaço importante entre si. A pele das juntas dele descamava, as unhas sempre estavam compridas demais, muito provavelmente com pedacinhos de pessoas mortas presos sob elas — o calor daqueles corpos eram agora apenas uma memória se arrastando nos dedos de outra pessoa. Talvez tenha sido seu velho e persistente erro de confundir o trabalho com um local de pertencimento. Talvez, de novo, Jimmie tenha se comportado como um gato vira-lata, confundindo pena com um lugar para ficar. Até Nobes encontrara uma amante com quem dividir o cobertor. Ele pressentia que Nobes não se interessaria pela história toda porque ninguém nunca se interessava. Nem mesmo o próprio Jimmie. E então resmungou alguma coisa sobre hormônios e a morte trágica de uma avó e como ele tinha abreviado o sobrenome para algo que as pessoas pudessem pronunciar, e como havia outras crianças gordas na escola. Ele lhe serviu uma luta palatável, não uma coisa drástica, com sangue no banheiro e abuso on-line, a qual transmitira dor suficiente para que Nobes não perguntasse mais nada até que eles chegassem à igreja ortodoxa, hora de Jimmie parecer bastante enlutado. E ainda que a pergunta de Nobes não o tenha atingido bem no cerne dos problemas, isso de um homem que sequer deve um dia ter tido uma escova de dentes não conseguir imaginar a vida passada de Jimmie fora de qualquer parâmetro que não fosse o trauma, o deixava sim com uma boa quantidade de tormento para lamentar o falecimento precoce da sra. Irina Nikolova. A mãe búlgara que, após uma história de amor malsucedida com o marido da irmã, o dera para adoção quando ele ainda era novo demais para se lembrar do rosto dela. A mãe imaginária que ele estava tão pronto para perdoar naquele dia, imerso em uma nuvem de memórias emprestadas e incenso. Mesmo agora o crime dela parecia menor do que o cometido por sua verdadeira mãe, em cuja roupa ridícula ele seguiu para o abate. A mãe que ele nunca poderia deixar porque o seguro de vida de sua avó lhe rendera um apartamento minúsculo em Londres e ele sequer contava com um auxílio-doença. Não tinha nessa cidade outros parentes cujas partidas precoces pudessem livrá-lo de seu apuro. Sempre que ele via um sem-teto, achava que tinha visto o próprio futuro e, de onde estava agora naquele ramo de serviço disfuncional, bem longe do chão mas nunca longe o suficiente, nem a vida nem a morte pareciam algo que ele pudesse performar com entusiasmo.

"O seu periquito tinha nome?"

"Estou tentando trabalhar."

"Desculpa. Hoje parece que não está rolando. Não é fácil dissuadir as pessoas dos problemas delas o tempo todo. Principalmente gente gorda, não sei por que a gente é tão autodestrutivo."

"Não acho que esse é o tipo de linguagem que você deva empregar para pessoas que lutam contra o peso."

"A linguagem está aí para nos proteger. Eu não esqueci."

"Ainda bem."

"Mas ele tinha?"

"Tinha o quê?"

"Nome? Ou você só se referia a ele como o pássaro. *Das Vogel*."

"É *der Vogel*. Costumávamos chamar ele de Hansi, mas a minha mãe preferia Bubi. E agora, por favor, estou com um caso complicado para cuidar."

Provavelmente um alemão que tropeçou e precisava de outra pessoa para culpar para continuar irrepreensível. Por mais que tentasse visualizar o jovem Wolf e Bubi — será que ele era verde ou azul?, e será que Bubi em alemão era um insulto contra a aparência e a cultura do pássaro? —, ele continuava vendo o pau de Daniel e o sorriso confiante de Helena, seus lábios artificiais excitados e o tiquinho de unha natural crescendo debaixo do roxo falso. Ele também via os testículos estranhamente diminutos de Daniel, que estavam mais para calombos do que bolas — uma imperfeição que não lhe inspirava ternura. Toda vez que Jimmie pensava em genitálias e não ficava excitado, inevitavelmente concluía que toda a angústia existencial vinha do meio das pernas das pessoas e de as coisas lá embaixo serem feias de um jeito muito desesperador. Algumas pessoas tinham até a audácia de se raspar, como se apontar uma placa piscante para seus defeitos os tornasse menos óbvios. Como se elas pudessem se esconder nos momentos bruxuleantes entre o esquecimento e o desespero.

"E aí, Jimmie?"

Ele estava com o chiclete de morango entre os dedos, pronto para grudá-lo debaixo da mesa para irritar o faxineiro português desgostoso, quando Fatiha apareceu do nada na frente dele. Ciente de que segurava um souvenir de seu encontro com o pau de Daniel e o sorriso de Helena, ele corou e pôs o chiclete de volta na boca.

"Achei que tinha alguma coisa no meu chiclete."

"Nada que eu já não tenha enfrentado. Meu irmão conseguiu grudar chiclete no meu cabelo outro dia."

Jimmie gostava de observar Fatiha. Se ele tivesse uma irmã, talvez fosse parecida com ela. Ele sempre achou que a infância e a puberdade que ela passou na Áustria não contribuíram em nada para se assemelhar a Wolf ou a qualquer outro germânico com quem ele tinha que lidar. Tal como ele e Daniel, Jimmie achava que os três estavam conectados pelo mesmo mar, como se ao olhar as ondas mediterrâneas tivessem formado um vínculo, que podia ser sentido nos conflitos destinados aos seus corações. Criado nas mesmas cores, Jimmie pensou que estava ligado a eles, que tinha alguma coisa sem explicações, e assim era grato pelas raízes marroquinas de Fatiha. Ao contrário do sotaque imperdoável de Wolf, ele gostava dos ligeiros meios-tons vienenses que a língua dela produzia quando falava inglês. Eles nunca a faziam soar como se estivesse prestes a soltar um bando de cachorros raivosos atrás dele.

"Você acabou igual a Lisa Simpson, com camadas e mais camadas de químicas diferentes no cabelo, até sua mãe ter que raspar tudo no fim?"

"Você tem que parar com essas referências. Você sabe que a gente não cresceu vendo os mesmos programas de tevê."

"Sempre esqueço que você tem uns doze anos. Sabe que eu em geral sou contra pessoas que nasceram nos anos 90?"

"Na verdade eu nasci em 2000."

"Por favor, não me faça chorar."

"Que é isso, Jimmie. Você não é tão velho. E desculpa se eu ri outro dia da sua referência ao MacGyver. Com certeza você amava o seu Tamagochi e ainda guarda outras coisas da infância que estão superdescoladas agora. Você deve ter tido umas pochetes ótimas. Aliás, adorei o seu batom."

Ele pousou o queixo nas mãos e fez sua melhor carinha de Gato de Botas.

"Você deve estar certa. Eu só tenho uns duzentos anos. Quando estava na creche na Itália e outras crianças me provocavam por ser novo demais, eu sempre falava que elas iam morrer antes de mim."

Ela riu do mesmo jeito que ele fazia na escola de teatro. Quando ainda achava que a vida teria misericórdia dele, antes de entender que ele só podia ter esperança de uma conquista: morrer com os próprios dentes na boca.

"Desde pequeno você é engraçado?"

"Não, acho que eu pensava mesmo essas coisas na época. Eu tinha um senso muito básico do tempo e dos corpos — na verdade já não consigo lembrar de muito mais dos anos na creche."

"É difícil, né? Principalmente se você mudou de país nesse meio-tempo. Eu às vezes não sei se as minhas lembranças são de Viena, de Londres ou de Casablanca."

"Que inveja. As minhas são todas ligadas à minha mãe e à sua dor impronunciável. Acho que ela é o único país em que eu já morei."

Antes de Fatiha articular a pergunta que se formava entre suas sobrancelhas, Simon já estava gesticulando para eles dispersarem a reuniãozinha ilegal. Como se os enxotasse por terem a aparência estrangeira demais, por ameaçarem sua bem azeitada força de trabalho com sedução e balbúrdia. Como bons pombos, eles obedeceram, esperançosos de que um dia encontrariam um telhado para chamar de seu.

Jimmie voltou para sua tela e fingiu dar uma olhada nos e-mails que nunca respondia. Toda aquela prosa ruim, poemas debilitados e ritmos tristes. Ele não conseguia entender o que deveria distinguir os supostos falantes nativos, aqueles com o conforto das línguas maternas, daqueles com as línguas estrangeiras. Estranhos que vinham de outras costas, do além-mar e ainda de mais longe, que tinham crescido com histórias diferentes. As línguas estranhas, acusadas de exercerem muita violência sobre seus novos habitats, sendo que só estavam tentando ser como as boas. Ainda assim as pessoas as tomavam como espécies invasoras e não como um pedaço de músculo igual ao delas. Vermelhos e com aquelas linhas azuis úmidas na parte de baixo.

Até a mãe dele escrevia de modo mais legível que a maioria dos clientes. Sabia que existia diferença entre verbo e substantivo. Talvez fosse apenas o medo de ser o estranho, o outro, que sempre fizera Jimmie acertar a ortografia. Era o medo de ser descoberto que logo o fazia conferir a grafia de "ansioso" e "cansaço" antes de responder uma mensagem, e ele sempre soletrava o sobrenome em vez de apenas dizê-lo em voz alta. As línguas boas não precisavam se preocupar com aquilo, nenhum erro jamais ameaçaria a reivindicação de seu status. Estava no sangue e nos documentos e elas podiam agir sem se constranger porque inventaram as regras do próprio jogo.

Ele nunca mais conseguiu se reconciliar com línguas desde que sua avó o levou para fazer compras porque a mãe não podia. Era culpa da avó ele manter os dentes cerrados nas poucas oportunidades que tinha de dar uns amassos com desconhecidos. Ele ter medo do tipo de intimidade invasiva que outras línguas exigiam. Porque naquele dia, ela o levou ao açougue. Ele teve que ficar ao lado dela e segurar a mão enquanto ela se debruçava e quase caía — de peito — em cima do expositor, a estrutura encorpada dela oscilando enquanto ele olhava para cima. Quando se deu conta, suas mãos tinham começado a tremer, as línguas de vacas maiores perto das menores, as que pertenciam aos seus filhos. Bezerro e mãe finalmente reunidos, separados apenas por diferentes etiquetas de preços. Até naquele lugar a juventude era mais desejável. Ele se lembrava das duas fileiras organizadas e de como seria legal cutucar uma se ainda estivesse viva. Um músculo sem pele, úmido e descoberto. Um instrumento para os sentidos, delicado e vulnerável, escondido atrás de dentes rígidos. Não conseguia acreditar em como eram compridas e pesadas. Como deviam alcançar até bem lá atrás na garganta, quem sabe até a barriga — mantendo a escuridão lá embaixo, alerta e confiante. Sentiu a própria língua retrair diante da ideia de que elas estavam lá para serem comidas, como olhos e dedos e narizes. Sua mão tentou se esquivar do aperto da avó enquanto ela discutia a melhor maneira de amaciar aquelas peças cor-de-rosa com a açougueira — que tinha um único dente falso brilhando branco demais ao sol do meio-dia, como uma raposa-do-ártico perdida entre criaturas inferiores. Ele estava com as mãos e a testa apoiadas no vidro, encarando aquilo que aparentemente era a base da sua alimentação ao crescer. Quando a açougueira ofereceu uma fatia grátis de mortadela, ele recusou, incapaz de tirar os olhos da realidade dos almoços de domingo na casa da avó. Agora ele entendeu por que nunca gostou da comida dela, por que sempre a achou grumosa e difícil de engolir: ela vinha lhe alimentando com a habilidade de outra criatura de demonstrar afeto. O que ela fizera fora muito pior do que a bruxa tinha feito com Ariel, e ele começou a chorar quando a avó pediu uma de cada, mãe e filho, apertando cada uma para confirmar que estavam frescas. Talvez ainda estivessem vivos quando aconteceu, as línguas decepadas antes, para mantê-las boas e suculentas, tudo para deixar mulheres como a avó dele gordas e contentes. Ele não conseguiu segurar as lágrimas nem quando ela o mandou parar, e a açougueira começou a rir daquele jeito depreciativo como se fosse carinhoso. Ele nunca esqueceu, e enquanto a avó o arrastava para fora do açougue, constrangida por achar que já era velho demais para aquele choro, ele sentiu alguma coisa endurecer em meio às suas suscetibilidades. Havia algo que não podia perdoar na violência inesperada de suas condições. Aquelas bocas cheias de sangue e a escuridão que elas já não tentavam esconder dele. Toda a beleza que ele não via mais.

"Já te contei como a minha avó morreu?"

"Jimmie! O Simon vai pirar se descobrir que a gente está falando um com o outro pelo telefone. Você não devia nem saber como faz pra ligar."

"É que eu estava pensando nela agorinha e em como ela sem querer me fez virar vegetariano. Ainda dou risada quando penso no desespero dela. *Como é que você pôde fazer isso comigo, Jimmie!*"

"Com certeza você já me contou essa história. Deve até ter feito o mesmo sotaque italiano."

Elin sempre se lembrava de tudo — como um elefante irado.

"Mas eu te contei como ela morreu?"

"É mais uma daquelas suas histórias europeias? Você devia guardar para os seus clientes americanos especiais, eles amam esse tipo de coisa."

"Era domingo, e todo mundo estava almoçando na casa dela. Sabe, um desses encontros italianos com um monte de tias e muita falação. A gente estava do lado de fora, no jardim, comendo uma daquelas tortas doces com recheio meio de limão, quando de repente ela disse: fui picada por uma abelha. E essas foram as suas últimas palavras. Fui picada por uma abelha. *Punto da un'ape.* O lugar era ermo demais pra uma ambulância chegar a tempo, e a gente não fazia ideia de que ela era alérgica. Guardou esse segredo a vida inteira. E então ela simplesmente morreu. Sufocada no dia do Senhor. Morta por uma de Suas menores servas e sem um padre para absolver os pecados. Ela ainda deve estar no purgatório."

"Não é uma história muito feliz."

"Ela não era uma senhora muito feliz. Talvez tenha sido vingança de Deus ela ter morrido de inchaço da própria língua. Ela também era grande demais, eu sou assim por causa dos genes dela. Eles pularam uma geração — minha mãe foi poupada —, mas, agora, olha só pra mim. É como uma maldição."

"E também porque você é um puta de um preguiçoso, Jimmie. Para de colocar a culpa na sua finada avó."

"Tá bom, Elin, eu também te amo."

Ela desligou antes que ele o fizesse, e ele desejou viver pelo menos um dia da sua vida com a fúria de Elin — não à toa ela era tão magra. Jimmie era manso demais para queimar quaisquer calorias substanciais, suas células adiposas sabiam que no fundo ele não tinha o necessário para mudar. Ele era como uma daquelas formas indistintas chafurdando no oceano, vivendo à base do que quer que boiasse para dentro de sua boca, contente de carregar todos os tipos de outras criaturas nas costas desde que não lhe dissessem para ir mais rápido ou para murchar a barriga porque um tubarão elegante estava se aproximando. Lá no fundo, não importava. Ele imaginava que o escuro fosse tranquilo e clemente, um tom de preto que viraria azul à luz do sol, como o panorama de uma daquelas fotos de pacotes de viagens. Lá no fundo Jimmie estaria fora do alcance do turista descontente, feliz por não ter familiaridade com a angústia causada pela vista para o mar que é, na melhor das hipóteses, uma vista parcial para o mar e, em primeiro lugar, não deveria ter sido anunciada como vista para o mar.

Jimmie não tinha intenção nenhuma de desenterrar o documento modelo deles concernindo "vista para o mar", mas como o sistema não permitia deletar nenhum e-mail, ele o moveu para a caixa de entrada de Fatiha e o marcou como "em andamento". Jimmie adorava irritá-la e ainda estava um pouco magoado pelo monte de piadas sobre sua adolescência e referências ao MacGyver. Sua infância, com seus cortes de cabelo impraticáveis, estava agora distante o suficiente para estar na moda. Ele se tornou uma relíquia de outra era, uma coisa que não apareceria na vitrine de um bazar beneficente. Chegara àquela idade em que só pareceria jovem caso se matasse ou morresse de uma doença trágica. Jovem demais para morrer, velho demais para todo o resto. Velho demais para ser bem-sucedido e ter a satisfação de uma juventude selvagem. Velho demais para contar a alguém que no passado já fora skatista ou ninfomaníaco. Ele não tinha a autoridade de um corpo mais velho, orgulhoso dos sinais que a idade de repente transforma em dignidade e que teria lhe autorizado a furar filas e ter visões políticas questionáveis. Ele sabia que nunca seria um macho alfa, sempre perdido entre as gerações. Era incapaz de crescer, mas velho o bastante para saber que a sensação de juventude só é agradável em retrospecto, quando a visão de corpos novos e delicados que parecem consumir uns aos outros como recursos infinitos o força a admitir que o seu próprio já ultrapassara esse limite há muito tempo.

O telefone estava tocando de novo, e Jimmie quis estar num lugar diferente, onde as pessoas se davam ao luxo de ter seus próprios pensamentos sem interrupções constantes. Suspirou antes de aceitar a chamada, indagando se sua simpática personalidade de atendimento ao cliente ficaria para sempre entalada em sua garganta. Se seria preciso uma bruxa do mar para cortá-la fora antes que ele pudesse ouvir a própria voz outra vez na vida.

"Obrigado por aguardar. Meu nome é Jimmie. Como posso ajudar?"

"Você não respondeu meu e-mail."

"Desculpe, senhor, no momento estamos muito ocupados e levamos de quarenta e oito a setenta e duas horas para responder a reclamações por escrito."

"Mas aí minha viagem já vai ter quase acabado."

"Posso ajudar com algo pelo telefone?"

"Pode, mas você também vai ter que olhar o e-mail. Eu incluí algumas fotografias que vão ajudar a ilustrar o problema."

A voz era velha o bastante para ter uma daquelas barbas grisalhas com fios amarelados, ou não de fato amarelados, mais para um verde descorado, vestígios de uma vida que rapidamente estava se fragmentando. Jimmie imaginou as unhas da mesma cor para fora de papetes gastas. Um viajante solitário, talvez um observador de pássaros ou um geólogo amador, ou alguma outra atividade inofensiva desse tipo. Talvez fosse alguém que jamais fingiu estar se divertindo. Jimmie sabia que essa era uma espécie rara.

"Estou localizando o e-mail."

"Eu não costumo reclamar, sabe. E a minha esposa nunca teria me deixado fazer essa ligação, mas é minha primeira viagem desde que ela morreu ano passado e cá estou eu. Fazendo uma reclamação."

"Sinto muito pela sua perda, senhor."

Ainda que o velho não estivesse lá com ele, Jimmie fez uma de suas melhores caras de velório. Ele gostou da fragilidade da voz do outro lado.

"Pensando nela, agora eu me sinto mal por mandar essas fotografias para você. Eu não sou voyeur nem nada disso, só estava um pouco pasmo."

"Estou baixando. Deixa só eu... Ah, nossa! Entendi — e isso é bem na frente da sua janela?"

"Sim, da minha sacada eu consigo ver bem dentro do quarto deles, e nem se importam em fechar a cortina. Eu não sei onde mais ficar à noite — o quarto é tão abafado, e não me dá muita vontade de sair e sentar num bar. Minha mulher ainda estava viva quando fizemos essa reserva."

"As pessoas sempre ficam com cara de bobas quando tentam demonstrar satisfação, não é?"

"Admito que não estou inteiramente convencido da performance deles."

"Ao que tudo indica eles ficam excitados porque sabem que o senhor está assistindo. O senhor já tentou falar com o pessoal do hotel a respeito?"

"Não, fico constrangido demais de fazer isso. Nem sei se legalmente eu poderia ter tirado essas fotos."

"Não vou contar pra ninguém."

"Obrigado."

"Mais uma coisa, e por favor, não me leve a mal: sei que o senhor ainda está de luto e tudo, mas não vê nenhum prazer nisso?"

"Eu estou com setenta e nove. Velho demais para esse tipo de desejo. Não parece certo depois de todos esses anos. Eu casei com a minha esposa por um motivo. Nunca quis ser um desses homens."

Em momentos assim Jimmie sempre se imaginava como uma vadia carola — permitindo o desejo em situações impossíveis. Não era a primeira vez que o trabalho fazia ele sentir que propiciava um alívio generoso a pessoas sofridas em momentos de melancolia, mas agora isso parecia fazer sentido. Como se houvesse redenção naquela tímida ereção.

"O senhor não deveria temer essas inclinações, não tem nada de errado com elas. Se alguém me mandar fotos de um aposentado tocando uma bronhazinha na sacada em Atenas, vou garantir que sejam deletadas. Prometo se você prometer que vai aproveitar."

"Vou tentar, mas ainda assim não parece certo. Se a minha esposa soubesse."

"Tenho certeza de que ela sabia."

Olhando as fotos, Jimmie não conseguia de fato distinguir muita coisa — a mão do velho já tremia quando ele as tirou. Tudo o que ele conseguia ver era um homem comendo outro por trás, a pele deles corada e suada demais para parecer profissional. Nada que seu ex-colega francês teria aprovado, mas era o bastante para Jimmie entregar-se à beleza de dois homens trepando à luz branda do início de uma noite de verão.

Jimmie percebeu quando era criança, sentado ao lado da avó enquanto ela assistia a *Belas e intrépidas* ou outra novela qualquer, que o seu negócio não eram as loiras. Ele admirava pernas compridas e peitos durinhos como se fossem animais bonitos, mas não pensava neles quando começou a se tocar. E ainda assim ele conseguia se identificar com o velho tesudo e sua sacada solitária na Grécia, com o sentimento de ser julgado por seus desejos. Ele nunca sentiu atração por quem deveria — aqueles garotos gregos joviais e sem pelos não faziam mesmo seu tipo. Bem no fundo Jimmie sabia que não estava interessado em corpos perfeitos de contornos suaves. Ele também não cobiçava aqueles ursões do couro com os quais esbarrou pela primeira vez nas comédias dos anos 90, tidos como objetos ridicularizados, antes de vê-los em carne e osso durante uma de suas poucas aventuras pela famosa vida noturna de Londres. E por mais que gostasse de fantasiar sobre o magro e sisudo Simon dando palmadas nele na sala de reunião atrás da cozinha ou na sua mesa depois do horário de expediente, Jimmie sabia que o mais fascinante era talvez Simon ter conseguido comprar o próprio carro e de sua própria mãe provavelmente o aprovar. E bem no fundo do coração, Jimmie sabia que gostava de homens mediterrâneos baixinhos e gordinhos, em formato de pera e com peitos peludos a ponto de esconder um cordão de ouro. Homens que lhe davam a sensação de pertencer a algum lugar. Homens como Daniel.

Não estava claro para Jimmie por que ele gostava daqueles homens. Só acontecia. Um desejo repentino de não trepar de acordo com a vontade de Deus. Sua primeira paixonite foi nos anos 90, nas praias italianas, onde os homens eram infestados de pelos e autoestima — usando tão somente óleo para o corpo e minúsculas sungas. As correntes de ouro nos punhos e pescoço indicando sua prontidão para serem vistos usando nada além das joias. Prontos para trepar como heróis porque o balangandã de ouro no pescoço era um sinal de Deus. Não precisavam ter medo da Virgem Maria, do Menino Jesus ou do Espírito Santo assistir, porque eles tinham o direito de gozar, e com seus pelos densos no peito e seus paus abençoados banhados em água benta, eles só estavam a dois passos do paraíso. À noite, usavam pochetes. Pochetes funcionais que deixavam as mãos livres para lidar com sua prole feia em público. Eles eram bons maridos e filhos e um dia seriam respeitáveis ancestrais mortos. A primeira vez que viu a corrente ao redor do pescoço de Daniel, não se importou que ele, enquanto judeu, provavelmente tivesse um *chai* ou uma estrela de davi, que fosse sagrado de maneiras diferentes. Apenas viu suas curvas, os gestos paternais com os quais ele falava, o pelo no peito debaixo da camisa um pouco aberta, e ficou pronto para sucumbir.

"Você já teve um trabalho de verdade antes deste?"

"Infelizmente, Wolf. Não vim direto da escola de teatro. Eu trabalhava numa funerária."

"Jimmie! Você nunca consegue falar sério?"

"Mas eu estou falando sério. Eu trabalhava na casa funerária de John Nobes — posso te dar o telefone dele se quiser."

"E o que você fazia lá? Papel de fantasma?"

Como todo bom alemão, Wolf não resistia a rir de sua própria piada.

"Fui contratado como ator para interpretar parentes ou amigos enlutados em funerais com baixo comparecimento. É um serviço extra que a família do sr. Nobes tem oferecido há gerações. Funerais têm tudo a ver com dignidade, sabe?"

Jimmie tinha certeza de que Wolf não fazia ideia. O alemão inquisitivo sempre lhe dera a impressão de uma criatura bastante pagã e lá nas montanhas da terra dele provavelmente ofereciam seus mortos para as águias remanescentes ou os jogavam no rio no fim do inverno.

"Tristeza sempre foi minha especialidade. Eu era tão bom que até cheguei a fazer algumas cerimônias judaicas. A maioria dos atores de funerais nunca chega tão longe."

"Por que você foi demitido?"

"Não fui demitido. Acho que o sr. Nobes até queria que eu assumisse o negócio. Ele não tinha filhos, e estava sempre preocupado com o que ia ser do seu negócio. Aí ele começou a mexer nas atribuições do meu cargo e quando a minha mãe foi envolvida, eu decidi pedir demissão. Por questões pessoais."

"Para vir trabalhar aqui?"

"É difícil conseguir trabalhos de encenação ou, na verdade, qualquer tipo de trabalho se você tem a minha aparência. Os mortos não podiam me ver, eles não ligavam."

"Se quer saber a minha opinião, Jimmie, você precisa trabalhar as suas questões pessoais. Parece que você abriu mão de um trabalho mais do que bom, com perspectivas sólidas, por causa de algum drama seu. Você devia tomar mais cuidado da próxima vez."

"Não foi bem assim. E não é verdade que os italianos são dramáticos vinte e quatro horas por dia. Queria ver você no meu lugar, sendo obrigado a usar um..."

"Isso aí na sua boca é um chiclete?"

"A Helena e o Daniel me deram depois da nossa última reunião. Tenho certeza que não tem problema."

"*Ach*, Jimmie. Eu sei que você é meio italiano, mas regras são regras."

Jimmie queria contar que na sua cabeça o chiclete ainda tinha um ligeiro aroma do pau de Daniel, mas em vez disso fingiu enrolá-lo num pedaço de papel e quando Wolf voltou para a tela dele, Jimmie se inclinou e o grudou na alavanca de sua cadeira, com pelo menos a satisfação de saber que um dia aquilo irritaria o faxineiro.

"Pelo menos a gente matou o nosso próprio ditador."

"Oi?"

Pendurado pelo pé. O único ditador de quem tiraram a camisa e que penduraram pelo pé. O ato brutal que autorizou aos italianos sua nostalgia pelos anos sombrios. Muitas vezes essa morte violenta pareceu servir não como um encerramento, mas sim como lembrete do lado humano de seu Duce. Ele merecia um pouco de compaixão, afinal não é aceitável transformar um rosto em geleia arrastando-o atrás de um carro. Na hora da morte, até o coração mais vil tem a capacidade de nos comover, de nos lembrar de nossas próprias deficiências. A avó de Jimmie — de pé na cozinha empunhando sua faca elétrica, seu dente falso cintilando enquanto ela cortava os restos de criaturas irreconhecíveis em pedaços comestíveis — sempre lhe dizia por sobre o barulho do eletroportátil que Mussolini não fora tão ruim assim. Os políticos que eles tinham hoje eram piores, e pelo menos Mussolini havia ligado para o bem-estar da Itália em vez do seu próprio.

Jimmie imaginou se Wolf também tinha uma avó com um dente falso e uma faca elétrica, uma que lhe dizia para não falar mal do ditador deles. Mas então o anão austríaco permaneceu um monstro até o fim, com seu suicídio, os cães envenenados e a esposa mal comida. Até a hora em que soldados russos delirantes atearam fogo nele em um pátio de Berlim, suas cinzas se misturando com os escombros e os primeiros dias do verão. Talvez essa seja a diferença crucial entre os seus dois líderes, é igual a um cachorro que lhe arrancou um pedaço de carne e volta a ser um pet no instante em que você o mata com as próprias mãos — e não faltou afeto a um ditador assassinado. Algo que o tempo inevitavelmente envolveria em doces camadas de perdão e orgulho.

Jimmie não conseguia parar de pensar em que tipo de dor Simon lhe infligiria mais tarde enquanto conversassem. Será que o amarraria numa cadeira ou o trancafiaria por uma noite, como o antigo colega de Wolf? Ele sabia que esse tipo de cena era improvável, até num lugar como aquele. Hoje em dia as coisas estavam mais delicadas: em empresas modernas como a Vanilla Travel Ltda., a dor chegava em roupagens mais aceitáveis, não havia necessidade de hematomas chamativos e partes faltantes, nenhuma necessidade de encostar nele para causar dano. Neste novo mundo nada era tangível e, quando Jimmie não conseguia respirar, não podia culpar nada além de sua falta de autocuidado. Quando seus alicerces internos cediam, não havia nada para impedi-lo de desabar, nada além de uma ausência de sucesso e energia que deixaram seu eu ideal arruinado. Ele não sabia como dar visibilidade às fissuras internas, mas tinha certeza de que a hierarquia o deixaria exposto. Não era um homem respeitável como Daniel. Ninguém nunca viu Jimmie de camisa. Ele era aquele que usava batom. Que tinha ultrapassado as regras que mantinham aquele escritório de pé e o definia como um lugar de controle. Não adiantava pedir ajuda a Helena, conversar com ela sobre o ocorrido da sexta-feira passada — ela o sacrificaria como um dos porcos de seu pai porque sabia que Jimmie não estava no comando da história, que sua verdade era volúvel e pronta para se dobrar a ela. Não importava que quando eles estavam na cabine laranja, Jimmie queria aquilo menos que Daniel. Apenas os corajosos conseguem impor suas próprias histórias. Mas hoje ele ia encarar Simon e sentir orgulho de suas transgressões — ia lhe contar uma história —, como um rato que sai de baixo das tábuas do assoalho e de repente tem noção do poder que seu corpo diminuto e vil possui.

"Obrigado por aguardar. Meu nome é Jimmie. Como posso ajudar?"

"Tenho meio que uma reclamação extraoficial, mas com certeza outras mulheres já tiveram a mesma questão."

"Pode apenas confirmar onde a senhora está?"

"Em Agadir. Num resort lindo, na verdade. A não ser pelos homens."

"Pode me falar o problema?"

"Nem tanto os homens do *souk*, mas os rapazes da piscina. Tenho que dizer que estou bastante decepcionada. Não é lá muito aceitável para um hotel dessa categoria."

"Sinto muito por isso. Trabalhamos com tolerância zero a importunação sexual com todos os nossos parceiros e vou passar essa situação imediatamente para o meu superior."

"Importunação sexual? Quem me dera! Esses rapazes da piscina são piores do que freiras, nem unzinho deles sequer me assediou."

"Está ligando por que não assediaram a senhora?"

"Essa não é a palavra que eu normalmente usaria, mas eu estou viajando sozinha e antes não era tão difícil."

Criado por mulheres, Jimmie era pró-vagina desde quando tinha memória. Mesmo que eroticamente elas não fizessem nada por ele, sempre reconheceu a luta e levava Elin muito a sério quando ela explicava seu sangramento mensal ou reclamava de novo e de novo que a masturbação feminina ainda era um tabu. Na sua cabeça, ele às vezes a chamava de "punhetisa", considerando-o um título honorável. Mas dessa vez ele ficou do lado dos rapazes da piscina e de sua recusa em servir o meio das pernas envelhecidas das hóspedes. Todos aqueles corpos padrões solitários com sonhos não realizados, exibindo seu poder como armas reluzentes. Já bastava que ele tivesse que aguentar aquela gente no telefone e que em seus momentos mais frágeis o lembrassem de sua própria luta.

"A senhora me daria licença um segundo enquanto consulto uma colega que é especialista em assuntos marroquinos?"

Ele estava ansioso por uma voz ainda não impelida pelas urgências do corpo decadente.

"Jimmie! Você passou aquele e-mail ridículo sobre vista para o mar pra minha caixa de entrada?"

"Escuta... estou com uma dona na outra linha reclamando que os rapazes da piscina em Agadir estão se recusando a oferecer serviço extra pra ela."

"E agora você quer que eu dê a minha opinião sobre os prós e contras do turismo sexual feminino no Marrocos? Sobre a exploração do Outro como uma continuação das práticas coloniais?"

"Tipo isso."

"Fala que a bunda dela deve ser feia pra caramba se nem os rapazes da piscina querem comer ela. Eles até tentaram uma vez com a tia de uma amiga minha lá da Áustria no verão passado. A sua dona deve ser pior que um *mozartkugel*."

"Isso não ajuda muito."

"Você quer que eu ligue pro meu primo pra ver se ele pode fazer o serviço?"

"Jura?"

"É claro que não, Jimmie! Fala pra ela que a mágica acontece quando você experimenta respiração orgástica. Só respiração e engajamento de músculos, nem precisa de rapaz da piscina."

"Acho que isso requer uma sessão de treinamento especial com o Simon. E me avisa se esse seu primo um dia estiver dando bobeira — sou bastante chegado em rapazes da piscina."

"Estou desligando."

Já estava com saudade da voz de Fatiha.

"Desculpe, senhora, levei um tempo para me informar com nossa especialista em turismo sexual subtropical, mas espero que tenha gostado da música. Ela recomenda que a senhora tente uma técnica de respiração específica, já que o mundo mudou. É melhor se satisfazer sozinha do que tirar vantagem dos outros. Ela disse que um pouco de foco e engajamento muscular são capazes de mudar sua vida."

Antes que Wolf pudesse enchê-lo com qualquer outra pergunta sobre sua carreira fracassada de diretor de funerária, Jimmie gesticulou para Simon e teve permissão para um intervalo de ir ao banheiro. Cinco minutos sozinho com seu corpo, seus cheiros e suas sensações — cinco minutos para deixar tudo pra lá. Deixar toda essa gente que amava avocado e indignação moral tanto quanto cocaína, e ainda assim era incapaz de ser grata pelo que a vida lhe ofereceu. A relutância de ficar contente com sua riqueza ou valorizá-la. Logo ele ficaria sozinho naquele grande prédio horroroso, só com o segurança do andar de baixo sentado sob seu pôster de pôr do sol brilhante e o faxineiro português para protegê-lo do silêncio ruidoso. Jimmie tinha pavor de ficar sozinho no último andar daquele edifício comercial falso e sempre hesitava antes de aceitar o turno da noite. Antes de admitir que não tinha uma vida. Ao sacrificar aquelas horas noturnas preciosas, tradicionalmente dedicadas a grandes quantidades de diversão, ele não estava tentando muito manter seu emprego, mas sim ficar o mais longe possível do maior número de horas despertas de sua mãe. Viver na mesma casa, mas em planetas diferentes. Queria garantir que ela estaria dormindo quando ele chegasse em casa, para evitar o corpo dela e as perguntas que ele fazia. Jimmie costumava pensar nela em momentos assim, quando deixava seu pau pairar sobre o vaso sanitário, sua barriga tapando a maior parte da vista. Ele quase sempre pensava nela quando olhava o próprio corpo, que era tão diferente do dela. Ela não tinha puxado à avó dele. A pele era macia, as formas, recheadas de harmonia. Ela tinha maçãs do rosto e ele nunca ficara sabendo que tivesse um queixo duplo. Mas o cheiro da urina matinal dela sempre embrulhara o seu estômago. Costumava feder mais do que as muitas afrontas lastimáveis de Henry. Era como uma competição, como se os dois lutassem pelo território da afeição dele. Apesar de sempre ter sabido que Henry era uma vadia de quatro patas, ronronando com desdém, Jimmie achava mais fácil amá-lo apesar de seus defeitos. Aceitou a rejeição de uma criatura bela como se fosse natural, e limpava as sujeiras do bicho sem exigir apoio emocional em troca. Mas sua mãe, que era igualmente bonita em termos humanos, nunca lhe inspirara aquele tipo de devoção. Ela nunca teve nada de sagrado e qualquer chance de idolatria estava morta debaixo dos lençóis de seu eterno pesar. Cada tentativa de se aproximar dela, de encontrá-la dentro do labirinto que tinha construído ao seu redor, tinha feito ele se sentir mais rejeitado do que a recusa esnobe de Henry de esquentar seus pés à noite. Ele ainda não era capaz de imaginar a inabilidade parental de amar, de pensar na felicidade como uma emoção rejeitada pelo corpo. Ele ainda não tinha entendido que alguma coisa podia ficar entre você e o mundo, que você podia perder o próprio filho naqueles cantos misteriosos da própria mente. À medida que foi ficando mais velho e entendendo que a solidão começa a aparecer nos corpos na forma de rugas, quando começou a comprar analgésicos animado como uma criança, sabendo que os comprimidinhos continham ainda mais felicidade do que os doces mais doces, começou a intuir as consequências de um coração partido. Os traços de um corpo que não conseguia dar conta sozinho. Que precisava de pequenos milagres para chegar ao fim do dia. Os pequenos milagres que ela guardava em todas as caixas minúsculas no quarto e que ele não teve coragem de roubar quando decidiu pegar o batom dela na noite anterior. E depois que voltou a vestir a calça e estava pronto para deixar a cabine do banheiro e abandonar esse momento de intimidade em meio à lixeira transbordante e à música adolescente, ele decidiu passar mais uma vez o batom vermelho da mãe — não certinho e transante como Helena gostava —, mas brusco e sem refinamento. Mais como uma pintura de guerra encobrindo velhas feridas.

Olhando-se no espelho, ele pensou em Daniel. *Hamud*. Não gostou do que testemunhara mais cedo, a diferença que um degrau acima na hierarquia nefasta tinha feito. Em seguida ele ia perder o sorriso e começar a ficar parecido com Simon — uma expressão teatral pintada sobre uma camada de cera. Jimmie sentiu saudade da aparência anterior de Daniel, como se estivesse de luto por um parente próximo. Como se o bom deus judaico tivesse mandado Daniel não ser vaidoso e ele tivesse obedecido com um milhão de imperfeições em vez de usar camisas passadas e raspar a cabeça à máquina quatro. Jimmie tocou os lábios na frente do espelho sujo e sentiu a suavidade que desejava desde a sexta-feira passada, desde quando ele recebeu mensagens lhe dizendo para nunca mencionar o que tinha acontecido. Pediam-lhe para ver aquilo como o lastimável fim de uma série de erros. *Hamud*. Pediam-lhe para negar que seu corpo tinha inspirado desejo, negar que tinha o acendido no corpo do outro. Que, por um momento, a pele de Daniel tinha sido a criatura mais quente naquele lugar.

*

Jimmie tocara Daniel pela primeira vez numa tarde na casa daquela gente rica em algum bairro ridículo de Londres. Eles estavam no quarto da criança aniversariante. Fazia calor demais e Daniel pediu ajuda com a maquiagem vermelha e branca porque nunca conseguia encontrar o equilíbrio certo entre horror e diversão. Sua dignidade por pouco conseguia lidar com os sapatos enormes e com o quanto sua forma arredondada se adequava à ocasião de ser ridicularizado, mas ele não conseguia encarar a perspectiva de ser um palhaço ofensivo. Jimmie pegou a esponja e os pincéis de maquiagem como se estivesse prestes a tratar de um machucado.

"Os judeus são naturalmente engraçados? Como os italianos?"

"A gente não tem muito motivo para ser alegre, você deve saber disso."

"Pelo menos as pessoas levam vocês a sério. Quando você diz que é italiano, as pessoas só riem — é como se tivesse nascido com um nariz vermelho."

"Mas esse nariz não fez vocês virarem cinzas."

"É por isso que vocês são tão contra serem cremados?"

"A gente não é dono do nosso corpo, Jimmie. Ele pertence a Deus. É por isso que não interferimos nele. Sem tatuagens e cremações. Nossas regras são mais velhas do que o fascismo."

Ele estava gostando de Daniel não poder se mexer e de que tudo dentro de si agora se mexia numa nova velocidade. Os corpos de Daniel e Jimmie se comunicavam como dois animais independentes de seus donos, independentes de suas razões. Dois peixes-boi absortos numa dança silenciosa, seus corpos abrindo caminho através da escuridão de seus olhos debilitados. Jimmie subiu os dedos em direção à corrente de ouro de Daniel e olhou para ela.

"Seu Deus vai ficar muito bravo se eu interferir no seu corpo um pouquinho?"

Ele não podia beijar sua boca por causa de todo o vermelho e branco no rosto, e ainda ficava nervoso com outras línguas e como elas lembravam as do açougue. Então, ele se debruçou à frente, agarrou a mão de Daniel e começou a beijar a parte interna dela. Chupando suavemente a palma, deixou sua língua fazer brincadeiras com as linhas mais delicadas de Daniel.

"Para. Por favor. Não tenho inclinação para essas coisas."

"Não acha que dá para chegar lá? Ou só está preocupado em aparecer com o pau duro na frente das crianças?"

Wolf não estava na mesa quando Jimmie voltou do intervalo, então ele tomou a liberdade de desenhar um pintinho mole em uma das páginas brancas no meio do bloco de anotações bem organizado dele. Assim como gostava de pintar de preto o dente de pessoas famosas em pôsteres que ainda não tinham sido substituídos por uma tela — pequenos atos de vandalismo que o faziam acreditar que os espaços públicos também eram seus —, não achava nada mais alegre que usar um lápis alemão bem apontado para desenhar um pau na papelada das pessoas importantes para lembrá-las de que seus sapatos também eram enormes.

"Meu nome é Jimmie. Obrigado por aguardar. Como posso ajudar?"

"Eu não fazia ideia de que não era um chalé."

"Oi?"

"Não ligo para surfe."

"Suspeito que esteja em um de nossos alojamentos para surfistas na Cornualha."

"Eu só queria ficar perto do mar."

"Quer que eu mande uma lista com as atividades do local para o senhor?"

"Eu vim aqui para escrever, mas você já ouviu falar de uma obra de arte séria que tenha saído de um alojamento para surfistas?"

"Não sou especialista."

"O mar é uma das minhas principais fontes de inspiração. Esse vasto infinito, pronto para arrasar alguém a qualquer momento. É intrínseco ao meu trabalho."

"Dizem que tem mar de sobra na Cornualha."

Jimmie imaginou um homem num terno preto antiquado com cabelo deliberadamente desgrenhado, comprido demais para existir dentro de qualquer estrutura corporativa. Também via um lenço, bem provável que fosse vermelho, adornado com um ou dois buracos de traça. Esse artista nunca alcançou seu auge, como uma flor que começou a apodrecer antes de conseguir revelar sua beleza, sufocada pelas sombras de plantas mais bem-sucedidas.

"Ainda por cima, o lugar é imundo. Tem areia pra todo lado, eu nunca vou conseguir terminar a minha primeira versão numa bagunça dessas. Estou até com medo de abrir as gavetas."

Jimmie sempre refletia sobre o desejo de conquistar aqueles espaços temporários, de desfazer as malas e fingir que você nunca saiu de casa.

"Acho que um pouco de areia é parte do encanto do alojamento para surfistas."

"Você não está entendendo. O tempo é curto caso eu queira ser publicado um dia."

"Vou deixar um lembrete para ligar para a administração do chalé amanhã cedo e marcar de um camareiro dar uma passada, prestar atenção especial às gavetas."

"Mas e hoje à noite? Eu não consigo mesmo trabalhar assim."

"Sinto informar que só podemos pedir serviços de emergência em caso de infestações de roedores ou baratas. Areia realmente não se qualifica."

"Você tem certeza de que quer uma avaliação negativa de um escritor profissional?"

"Vai mesmo colocar um Mozart, acender uma vela e dedicar suas habilidades de artista a uma avaliação negativa sobre um alojamento para surfistas? Publicada exclusivamente no site de uma agência de viagens famosa, escrita na grande tradição de Woolf, Dickens, Shakespeare e Nigel, 53 anos, de Kent?"

"Como é que você se atreve?! Tenho certeza de que este romance vai ganhar um prêmio um dia! Quero falar com o seu gerente."

"Sinto informar que no momento ele está dando uma palmada em outra pessoa."

"Oi??"

"Desculpe, quis dizer que ele está dando uma chamada em outra pessoa e por hoje estamos encerrando as ligações do Reino Unido, então, por favor, volte a telefonar amanhã cedo para resolver essa questão. Sinto muito não termos conseguido encontrar uma solução para o senhor hoje, mas eu ficaria honrado de aparecer na sua obra-prima *A praia e a areia* e prometo que vou ficar de olho nela. Por enquanto, tenho que ir, agradecemos seu contato. Aproveite a sua viagem e até logo."

Jimmie tinha acabado de avistar Wolf conversando com Simon e sabia com cada centímetro de seu corpo desmesurado que os dois estavam falando dele. Era uma sensação que nunca o abandonara desde a escola: a sensação de ser mais visível do que os outros porque seu corpo ocupava mais espaço. Ele sabia como suas roupas pareciam enormes no varal e ele sempre percebia o olhar no rosto das pessoas quando o assistiam comendo, tentando entender o que o deixara tão gordo. O olhar que inspirava culpa até quando ele estava comendo sozinho, exatamente de acordo com os inúmeros livros de dieta escritos por pessoas magras e as fórmulas matemáticas simples que elas achavam que podiam torná-lo bonito a seus olhos. Jimmie nunca conseguia esquecer que seus órgãos estavam cobertos por gordura ruim, que suas curvas estavam arrancando todo o couro do serviço nacional de saúde. Decepcionava a sociedade ao convidar joelhos lesionados, falência cardíaca e diabetes para sua vida como amigos para um chá da tarde maluco. Ao contrário dos outros, ele não podia esconder seus vícios. E tinha certeza de que Wolf, fiel às suas origens, estava interpretando o papel da engrenagenzinha inocente nas rodas de uma ditadura poderosa. E essa ditadura era tão deplorável quanto todas as outras: oca por dentro e, por fora, constituída sobretudo de corpos tristes de homens. Nada além de crueldade e uniformes, exceto a provocação adicional de que seus uniformes eram moletons de capuz mal-ajambrados — sem coisas chiques da Hugo Boss para eles — e não dava para se tornar gauleiter aqui. Wolf não entendia que eles não eram rivais porque qualquer noção de hierarquia era só mais uma ferramenta na caixa de Simon — eles eram todos iguais em sua inutilidade e Daniel o único a ser promovido de atendente comum a supervisor. Partia o coração de Jimmie que Wolf tentasse montar nas costas dele, achando que havia um modo de botar a cabeça para fora d'água. Que tentasse ostentar um truque impossível, como uma foca ávida demais num daqueles parques aquáticos com animais marinhos torturados. Jimmie sabia que nenhum deles jamais seria um dos instrutores sexies de camisa modernosa, mas para sempre criaturas cuja dignidade se perdera ao longo do caminho. Cansadas de seu confinamento, mas dependentes demais do balde de peixes podres para promover uma revolta.

"Estou indo nessa, meu gigolozinho... Te vejo domingo?"

"Posso te perguntar uma coisa, Helena?"

"Depende."
"É verdade que você identificou o cliente misterioso?"
"Não exatamente, querido."
"Então é só uma lenda?"
"Você não devia fazer tantas perguntas."
"Então por que você tem tanta liberdade assim?"
"As pessoas falam demais nesse lugar. Fica feio pra elas."
Ela correu lentamente um dedo pela bochecha de Jimmie até alcançar seu queixo, suas outras unhas seguindo o exemplo, devagar.
"Você sabe chupar um pau como a Marilyn Monroe ou o James Dean?"
"Você também quer me ensinar isso?"
"É o jeito mais fácil de sobreviver neste lugar."
"Então você vai e encontra o Simon no banheiro feminino pra negociar a sua liberdade?!"
"Achei que você já me conhecesse melhor a essa altura."
Ela apertou mais forte antes de desvencilhar os dedos, e suas unhas deixaram pequenos sulcos na pele de Jimmie. Ele continuou olhando para ela e por uma fração de segundo Helena permitiu que seus músculos brincassem com algo semelhante à tristeza antes de voltar a se inflar e sorrir sob aquelas linhas perfeitas em seu rosto.
"Eu sempre uso o masculino. Tem menos movimento lá."
Antes que Jimmie tivesse oportunidade de fazer mais perguntas ou estimar o valor da própria performance oral, Wolf voltou para a mesa, e Helena ergueu as sobrancelhas, correu mais uma vez os dedos por sua bochecha e saiu andando em busca das fantasias da próxima pessoa para envolvê-la em suas formas gloriosas.
"Acho que o Simon quer falar com você."
"Eu sei. A gente combinou um papo no meu próximo intervalo."

"Toma cuidado, ele parece meio irritado. Está correndo um boato de que alguém mostrou as partes íntimas no banheiro masculino, você acha que é verdade?"

"Não entendo por que alguém ia querer fazer isso. E, por sinal, se chama pau. Nem a minha mãe fala mais 'partes íntimas'."

"Parece que não é só o Simon que está de mau humor. Deve ter sido a semana longa. Mas não se preocupa, meu turno já vai acabar."

Ele percebeu que Wolf ficou magoado entre os fones que sempre pareciam grandes demais para sua cabeça calva, como as orelhas desmesuradas de uma criatura que não tinha más intenções. Mas antes que Jimmie pudesse falar alguma coisa, Wolf aceitou outra chamada, e então era simplesmente impossível julgar o estado emocional de alguém que falava alemão: tudo o que ele disse soou como se uma nação inteira tivesse esquecido de sonhar.

"Jimmie. Sinto muito, mas preciso que você me acompanhe agora. Esqueci que tenho que sair mais cedo hoje."

Simon estava de novo encostado na paredinha que separava Jimmie da mesa de Wolf, as juntas dos dedos de um vermelho brilhante, e as unhas cortadas com esmero. Era fácil imaginar o desdém que ele sentia por quem roía a própria carne.

"Deixa só eu colocar o meu telefone no mudo e já vou."

Jimmie seguiu as pernas compridas e ascéticas de Simon e dava para notar pelas passadas que ele estava tenso, como alguém prestes a matar uns insetos. Era uma tarefa desagradável porém necessária, e a única coisa que poderia detê-lo não era a compaixão mas o medo de manchar uma camisa boa. Mais valia Simon carregar um machado e um saco preto para vendar sua vítima. Jimmie sabia que ele não estava prestes a lhe oferecer uma punheta e um chocolate quente, que aquilo não ia ser uma farrinha depravada: ele estava lá para levar esporro, e não no bom sentido.

De todo modo, isso não tinha muita importância, porque Jimmie de repente sentiu que seu corpo não seria suficiente para conter todas as sensações. Enquanto andava atrás de Simon por aquele corredor patético com as vozes dos colegas agora batalhando ao longe, se impelindo contra as paredes finas como ondas sem tempestade, essa massa de carne e gordura e água não parecia a soma de tudo o que ele já tinha visto e tocado e temido. Por que é que importava o que ele tinha feito na sexta-feira passada, ou duas semanas atrás, ou três dias depois de ter nascido? Ele era uma pessoa diferente então, com um coração diferente e uma nova mentalidade despertando a cada sol. E amanhã já não seria aquela pessoa agora sentada na mesa de reuniões, usada para pessoas como ele se sentirem diminuídas. Até amanhã, ele poderia ter finalmente se convencido a sair desse emprego, tentando salvar seu amante a reboque, enquanto pessoas como Simon seguiriam lá estagnados até que as águas revoltas engolissem as bordas de terra que eles tinham destruído com as próprias ambições. Jimmie já não estaria lá porque este mundo era apenas uma versão de muitos.

"Obrigado por dispor do seu tempo, Jimmie. Nós valorizamos muito isso, e, por favor, sinta-se à vontade para comer, já que estamos no seu intervalo oficial."

"Será que dá pra gente resolver isso sem qualquer tipo de linguagem formal?"

Olhando bem de perto, Jimmie se deu conta de que por trás daqueles óculos dos anos 50 e daquelas sobrancelhas austeras, Simon era provavelmente mais novo do que ele. Um menino tentando pagar de adulto, um dos ajudantezinhos ávidos do capitalismo.

"Justo. De qualquer modo, o Daniel está numa chamada de treinamento, e seria preciso nós dois aqui para que se tornasse oficial. Pense nisso como uma conversa e lembre-se de que eu sempre o apoiei — mesmo quando percebemos que você parece mais italiano do que de fato é."

"Você diria a mesma coisa para um escocês? Meu dialeto é tão bom quanto qualquer outro — o idioma italiano em que você está pensando é um constructo artificial. Uma técnica de violência."

"Sim, mas a maioria dos nossos clientes italianos não compreende uma palavra do que você diz."

"Não estou entendendo o que eu tenho a ver com isso."

"Tenho certeza de que você sabe por que estamos aqui, Jimmie."

"Eu não sei por que todo mundo ainda está falando disso. E não achei que o Wolf ia se importar, ele pareceu bem hostil com relação ao periquito de quando ele era criança."

"Na verdade, ele estava tentando ajudar. Todos nós estamos preocupados com você, Jimmie, mas temos que tratar isso com seriedade."

"É tudo culpa da minha mãe. Ela é a razão por eu estar sentado aqui hoje, e foi ela também quem me criou nesse dialeto estranho — então talvez você devesse falar com ela."

"Você quer dizer que ela fez a reclamação?"

"Achei que a gente estava falando do meu gato."

"Do seu gato?"

"O Henry. Minha mãe sempre o odiou — ele não era dos gatos mais limpos. Sempre cagava no cantinho perto da tevê. Mas ainda assim, eu acho que ela exagerou."

"Eu me lembro do Daniel mencionar o seu gato. O que aconteceu?"

"Ela se livrou dele. Ainda é difícil pra mim falar disso, ele era meu único apoio emocional."

"Tenho certeza de que ele vai ser muito feliz com o novo dono. O mau comportamento dele pode ter sido um sinal de angústia."

“Novo dono? Não tem novo dono. O Henryzinho está com os anjos agora.”

Ele ergueu os olhos para o teto, mas só por um instante. Um toque de leve, porque Simon não parecia o tipo de homem depravado o bastante para gostar de gestos católicos.

“Quer dizer que a sua mãe matou o seu gato?”

“Ela perdeu as estribeiras.”

“Isso não é contra a lei? E por que não só levar o carinha para um abrigo?”

“A gente não tem abrigos de bichos na Itália. A maioria dos gatos acaba afogado em baldes quando ainda são filhotes — a vida é dura lá. E o pobre Henry ofendeu a honra dela com as suas violações constantes. Não teve outro jeito. Somos um povo de sangue quente.”

“Toda vez que fui, eles me pareceram donos de bichos de estimação responsáveis.”

“Andar de bicicleta na Toscana não conta de fato como ir para a Itália. Nápoles, por exemplo, costumava ser famosa por seus crânios de gato cozidos.”

“Mas com certeza eles não comem mais gatos por lá.”

Não há nada como um britânico preocupado com seu conceito de barbárie. O que diriam dos filhotinhos alimentados com os animais mortos nas suas rações nutricionalmente completas? E toda a brutalidade sob o refinamento deles? Todo ditador tinha um bicho de estimação amado e toda rainha, um cachorro, cuja morte era mais lamentada do que a de seu parente mais próximo, e assim eles sobrecarregaram inúmeras feras — capturadas e enjauladas — com seus corações vazios. Jimmie percebia que o ruivinho também mostrava uma disposição a sacrificar seus irmãos por uma cadeira melhor e uma colher ligeiramente mais polida. A empatia deles era reservada àquelas criaturas que achavam que nunca iriam embora, que pareciam amá-los até quando tratadas com crueldade. Até quando o suposto amor deles continuava deixando os mesmos rastros. Os mesmos medos e a mesma quantidade de sangue e vômito no chão da cozinha.

"Quando as pessoas são pobres, elas comem qualquer coisa. Passarinho, gato, macaco. Você não faz ideia de como é a vida em algumas partes da Itália. A minha avó tinha oito anos quando teve que largar a escola para trabalhar e, ainda assim, não tinha dinheiro para comprar dentes novos quando perdeu os dela. A gente teve que comprar uma daquelas facas elétricas pra ela conseguir cortar a comida."

"Olha, Jimmie, eu entendo que as coisas estão um pouco difíceis para você no momento, mas você devia ter vindo conversar comigo ou com o Stuart. E agora que o Daniel foi promovido, você também pode falar com ele. Nós dois estamos fazendo treinamento em gestão de RH."

"O Daniel não mencionou nada?"

"Não que eu me lembre."

"Nós conversamos outro dia, acho que foi na sexta passada. Devo ter pressentido que ele ia ficar mais importante. Mas ele ainda estava de moletom, o que, se quer saber minha opinião, cai muito melhor nele do que essas camisas novas. Eu falei do Henry pra ele. Agora, parando pra pensar... o sangue dele era quase da mesma cor do meu batom. Sabia que o sangue de um gato é sempre de um tom mais claro do que você imagina?"

"Os meus gatos nunca morreram desse jeito."

"Não é muito sensível da parte dele não levar isso adiante, me obrigar a aguentar isso de novo. Sei que todos vocês pensam o contrário, mas estou tentando muito trabalhar direito e satisfazer as necessidades dos nossos clientes. Como você se sentiria se a sua própria mãe tivesse batido no seu bicho de estimação até ele virar uma geleia num arroubo de fúria? Quando eu era mais novo, ouvi os filhos da vizinha torturarem um filhote de gato e não consegui dormir por dias. Minha avó insistiu que eles eram criaturas estúpidas com cérebros minúsculos e que eu era velho demais para ligar, mas ainda assim tive febre. Eles rodaram o bicho pelo rabo como se fosse um brinquedo, e quanto mais ele sofria, mais eles riam. É assim a crueldade, fechamos os olhos para ela em nossa própria casa, são sempre as outras pessoas que nasceram com almas brutais. É o que eu achava, até que ouvi meu Henryzinho no chão da nossa cozinha. Ele não miou, como você pode imaginar. O último som que um gato faz é na verdade um rugido, grave e feroz, porque eles lutam até o fim, até quando o sangue já está brilhando no focinho deles. A cara que eles fazem, Simon! Não tem nada como os olhos de um bicho que você foi incapaz de proteger. Eles têm apenas seus instintos para enfrentar uma situação e morrem com muita sinceridade, por não saberem o que é a morte. Não têm Deus ou algum outro disparate filosófico para fazer as pazes com seu destino, e não existe alívio até que o sangue deles estanque. Ele só ficou lá me olhando. O meu Henryzinho, achando que tinha sido traído pelo único humano a quem oferecera tanto conforto, só porque meus banhos sempre demoram demais, e eu achei que era seguro deixá-lo aos cuidados dela. Eu ignorei os sinais, o comportamento estranho dela enquanto tomava o primeiro café do dia. Quando voltei, ele estava lá me encarando, o sangue dele espalhado pelo chão. Os humanos não são tão corajosos quanto o meu gatinho, exposto nos ladrilhos da cozinha, incapaz de exibir sua elegância de costume. Depois de morto, eu segurei sua pata branca por horas, eu conseguia sentir ela ficando fria e rígida, tudo nele era uma repreensão. Eu o decepcionei, Simon, decepcionei o meu Henryzinho."

Jimmie deixou suas lágrimas escorrerem pela boca, deixou que se misturassem com seu muco como um lento cortejo fúnebre. Elas encontraram o batom de sua mãe e formaram um primeiro pingo contagioso na mesa de reunião estéril. Mas desta vez Jimmie não ia se safar tão facilmente. A compaixão, ao contrário da raiva, precisava de mais que um gato morto para chegar ao clímax, e aquela não era a hora de parar. O espetáculo ainda não tinha acabado.

"Por outro lado, a minha mãe é uma vítima das suas condições. Das nossas condições. Não foi bem culpa dela a gente ter sido obrigado a se exilar. Se pelo menos a gente não tivesse comprado aquela faca elétrica pra minha avó."

"Você quer conversar sobre isso?"

Ele via que Simon estava tentando achar um lenço de papel, mas a sala não era equipada para fluidos corporais e Jimmie tentou se recompor dando um suspiro profundo.

"Eu nunca falei com ninguém sobre isso. Sempre tive tanta vergonha."

"Aqui é um espaço seguro, Jimmie."

Jimmie olhou bem dentro dos olhos azuis de Simon, e sentiu como se estivesse depositando algo lá no fundo. Como um daqueles besouros que deixam seus ovos sob a pele das pessoas, ele encheria as delicadas íris de Simon de imagens, sementinhas plantadas ao longo do tempo que acabariam por formar um daqueles círculos externos escuros. Um sinal de pesar, como sua mãe gostava de chamá-los.

"Foi um acidente. É o que sempre me falaram. Eu era novo quando aconteceu, e levei muito tempo para entender o que vi. Não posso perguntar pra minha mãe porque ela fica repetindo que aquilo acabou com a beleza dela. Que Antonio Bevilacqua não era um homem ruim. Não julgue com base no que você tem na sua frente — ela é muito mais bonita do que eu jamais serei. O único vestido dela em que consigo entrar é mais ou menos da época em que eu nasci, e mesmo assim fica apertado. Meu pai, Antonio, era um daqueles italianinhos possessivos com peito peludo e uma corrente de ouro. Exibido igual aos cafetões napolitanos que eu imaginava — camisas coloridas e meio que um topetinho, e cheio daquela energia sexual que a nossa geração já não tem. Mas de qualquer modo, Antonio era um homem influente, *un uomo di rispetto*, sabe."

E aqui ele olhou por sobre o ombro antes de sussurrar: "Máfia".

Simon respondeu franzindo a testa, compreensivo.

"Minha avó desde o começo foi contra o relacionamento deles. Perigoso demais, ela disse. Nós somos gente simples. A gente não casa com bandido, relembrou. Mas ninguém lhe deu ouvidos, e a minha mãe casou com ele de qualquer jeito, numa cerimônia secreta — testemunhada apenas por membros da família do Antonio. Foram casados por um padre que mais tarde teve a língua decepada por cooperar com a polícia — lá eles fazem isso com os traidores. *Pentito.* É por isso que até hoje não me dou com línguas, elas sempre me lembram daquele padre e da goelona escancarada dele. Mas, na dita manhã, a minha mãe estava cantando. Minha avó contou que a minha mãe costumava fazer muito isso quando eu era pequeno, mas essa é a única vez que consigo me lembrar dela cantando no banheiro, e acho que ela estava tentando transmitir felicidade. Um daqueles raros momentos em que espiou para fora de seu labirinto e até eu percebi como ela ficava bonita sorrindo. Tinha tanto orgulho dela quando conseguia sorrir em público. Isso seria inimaginável hoje — agora está sempre vestida de preto, lamentando o que quer que apareça no caminho dela. Mas naquele dia, ela cantava. E às vezes eu acho que foi esse o motivo de minha avó ter feito aquilo. Porque não conseguia suportar a felicidade dela. A pobreza faz isso com as pessoas. Elas ficam vingativas e desequilibradas."

Simon assentiu de novo e Jimmie farejou uma primeira insinuação de suor, não o tipo bom de suor que vem do prazer, ou da possibilidade de euforia, mas o suor produzido pelos nervos — o cheiro do desconforto físico.

"Foi uma celebração e tanto. Uma dessas coisas em que um monte de parente leva comida demais e a minha avó sua faca elétrica. Todo mundo sabia que ela tinha que sentar perto de uma tomada e também se acostumaram com o barulho — eu sempre achava tranquilizante. A *nonna* resmungando seus dentes perdidos e aquela lâmina vibradora. Pensando bem, acho que era como o brinquedo erótico dela, mas é claro que brinquedos eram para gente pirada e bizarra naquela época, e não tenho nem certeza se ela sabia o que era um vibrador. Mas a faca tinha uma função muito similar, era o pau na falta de um pau — meu avô tinha morrido fazia tanto tempo que ninguém lembrava dele de verdade. Homens italianos nunca duram muito. E então, ela gostava de ter a faca na mão mesmo sem estar comendo. Naquele dia ela também a estava segurando."

Jimmie fez uma pausa e evitou o rosto dele, confiando no poder do pesar invisível.

"Mas por que ela fez isso? Deve ter havido uma razão. Ou ela tinha questões de saúde mental?"

Simon agora estava completamente envolvido na história de estrangeiros pobres e desdentados e seus equipamentos de cozinha.

"Antonio sempre enfiava o dedo na comida antes de ficar pronta. Minha avó acreditava em Deus. Não do jeito que pessoas como Antonio acreditam — para admirar o ouro e o brilho. Para se aproveitar dos peitos da Virgem Maria e encontrar justificativa para suas ações. Os homens que vão se confessar e depois continuam do mesmo jeito, minha avó não era assim. Ela levava a sério. Ou pelo menos ela via gente fazendo preces em alguns de seus programas de tevê americanos e gostava do ritual. Mãos postas, um cotovelo descansando sobre a sua faca. Mas Antonio não ligava para as velhas e suas necessidades, e, desenfreado como era, avançou bem num dos famosos pratos de carne da minha avó. Avançou direto em suas melhores partes. Molho pingando pra todo lado, a toalha de mesa nova emporcalhada. E ele nem sequer tentou lamber os dedos. Foi isso que ela disse mais tarde."

"Mas você teve que testemunhar o ato...?"

"A faca vibrando na garganta e ele cuspindo uma das melhores partes da minha avó? Não. Ela tinha me mandado buscar alguma coisa na cozinha. Eu só lembro da minha mãe gritando e do sangue misturado com o molho da carne. Fez a carne de fato parecer tão real — o sangue fresco respingado por cima. Virei vegetariano naquele dia. Ver qualquer tipo de carne sempre traz de volta os sons do meu pai atormentado. Seus dedos ainda em movimento, manchados de sangue e comida."

"E o que aconteceu com a sua avó?"

"Morreu na prisão. Acho que morreu de coração partido porque confiscaram sua faca como prova, mas minha mãe acha que foram *eles* que fizeram aquilo. Sabe. Vingança. *Vendetta* e tudo mais. Ser morto por uma velha — acho que nem para os meus netos vai ser seguro pôr os pés naquele país. A vergonha é passada de geração em geração como a loucura e os pés feios, e aos olhos deles, nós somos todos filhos da minha avó. Maníacos desdentados empunhando facas elétricas."

"Você está seguro agora, Jimmie. Esse tipo de coisa não acontece neste país."

"Eu sei. Vocês encontraram maneiras mais sofisticadas de matar os pobres."

Jimmie de repente se deu conta de que sua comida ainda estava na mochila de Elin e, sem noção da hora, não tinha certeza se ela já tinha ido embora. Ele sabia que ela levaria a comida embora e lhe diria que já estava gordo o suficiente. Respirou fundo e naquele instante de silêncio pôde sentir também o cheiro do próprio suor — pela primeira vez desde que tinha chegado no trabalho aquele dia, ele se deu conta de como estava cansado. Seu corpo parecia tão pesado quanto de fato era, e ele não ligava mais se Simon acreditava em sua história ou se ele seria demitido por ser cúmplice de um ato sexual de que não tinha certeza se tinha desfrutado. Ele até sentia pena de Elin — Simon não dava margem para nenhuma fantasia. O ruivinho nunca entenderia o verdadeiro significado de devoção e provavelmente nunca tinha dado palmadas em ninguém na vida dele. Era bem capaz que, em vez disso, Elin acabasse comendo-o com uma cintaralha. Vendo como Simon manuseava os botões de sua camisa agora, as juntas dos dedos pálidas, Jimmie diria que ele era um daqueles homens com orgasmos complicados e visões de uma figura materna acolhedora. Simon era a última coisa de que ele precisava agora. E Elin não precisava dele também.

"Ainda não comi nada e a minha comida está na mochila da Elin... Você se importaria se eu fosse ver se ela ainda está lá? Não quero passar a noite tomando a sopa nojenta da máquina de venda automática."

"Tenho certeza de que ela ainda está aqui."

"É mesmo?"

"Mas vá lá conferir a sua comida, Jimmie. Vou discutir a questão com Daniel e tenho certeza de que podemos encontrar uma solução."

"Por favor, agradeça a ele por ser tão gentil na sexta passada. E obrigado de novo por me ouvir."

"Disponha, Jimmie. Mas, por favor, lembre-se que aqui é um local de trabalho e isso se aplica a todas as partes do prédio. Nós realmente precisamos ser profissionais aqui."

"Claro. Espero que as coisas com Elin corram bem de novo hoje à noite. Ouvi dizer que as suecas são ainda mais empolgantes do que as suas saunas."

Com essas palavras ele levantou e saiu, caminhando como um gato. A única coisa que ele aprendeu com Henry — que nem sempre fora um felino modelo — era que na vida às vezes você tem que mostrar estar melhor do que as suas condições.

Jimmie de repente se lembrou das nuvens que viu do assento da janela no avião logo que chegara com sua mãe. O sentimento de que havia um mundo novo sob ele, a cor da inocência e a textura de algo macio, e ainda assim forte o bastante para que não o deixasse despencar. E ao contrário do mar, que tentava se misturar constantemente ao horizonte e fingir que eles eram uma única coisa numa luta infinita pela cor azul, as coisas eram bem claras ali no alto. Jimmie queria pôr os pés nessa terra prometida e nunca se livrou da surpresa que sentira quando o avião começou a descer e tocou essa paisagem branca e perfeita. Quando esse jardim de luminosidade de repente fez o avião sacudir e seu corpo tremer. Hostil ao toque de estranhos, as nuvens sombreavam o interior do avião, como se os passageiros fossem castigados por deuses irados por serem mortais e terem ido longe demais, antes de cuspi-los para dentro da realidade cinza abaixo.

Farto do banheiro, Jimmie voltou direto para a mesa. Wolf já tinha ido embora e Jimmie sentiu uma pontadinha de remorso por ter desenhado um pinto em seu caderno — era difícil saber como alguém sem senso de humor responderia a um ato tão grosseiro de vandalismo. Ele viu que Elin estava numa chamada e então ficou pensando nos programas de tevê que assistiria no streaming durante o turno da noite, prestando atenção nas emergências e na ligação esquisita dos Estados Unidos, mas a imagem da faca elétrica de sua avó continuava voltando. Já fazia um tempo que ele não contava uma história, desde que sentara no carro funerário com o sr. Nobes, pondo à prova o personagem que representaria em determinado dia. Ele gostava de pensar que Nobes apreciava suas histórias e não apenas sua mãe, mas talvez ele só entendesse metade do que Jimmie dizia por causa de seus nomes todos complicados e o cabelo estrangeiro. Nobes estava ocupado ansiando pelos dias imaginários em que apenas o povo inglês morreria nesta cidade. Jimmie tinha se afeiçoado a ele e àquelas manhãs, rodando com um cadáver na traseira do carro — parecia que suas histórias poderiam se tornar realidade.

"Obrigado por aguardar. Meu nome é Jimmie. Como posso ajudar?"

"Eu liguei mais cedo sobre o Feriado Romântico no Spa em Bath."

"Ah, claro, eu lembro."

A mulher da capa de dildo! Jimmie quase se esqueceu dela abrindo as asas para um céu de liberdade e se sentiu mal por não ter feito nada para apoiar sua luta. Nem para fazer o papel de Robin em apoio a essa grande libertadora dos mal comidos ele prestava.

"Você conseguiu alguma coisa com o hotel?"

"Infelizmente, não. Romance para eles significa um troço entre dois. Eles não conseguiram entender os benefícios de oferecer um fim de semana romântico de amor-próprio."

"Na verdade eu só estava atrás de um pouco de tranquilidade, longe de tudo, pra me recuperar."

"Você não acredita que as feridas das pessoas apaixonadas saram mais rápido?"

"Aposto que a maioria no Feriado Romântico no Spa está tão apaixonada por seu companheiro quanto eu pelo assento do meu vaso sanitário."

"Parece que não é fácil se apaixonar."

"Você acha que é melhor eu ficar em casa sozinha então e arrumar um periquito?"

"Pela minha experiência nem os periquitos são fiéis, na primeira deixa eles vão abandoná-la por uma janela aberta. Acho que o cérebro deles deve ser pequeno demais para criar vínculos de verdade. Simplesmente não dá para prosperar com eles."

Ele sentia a raiva dela da manhã voltando, assim como sentia a frustração de todo mundo num sistema que se recusava a atender cada um de seus desejos. Que era projetado para deixá-las encalhadas antes que pudessem alcançar o botãozinho. Era como um pesadelo recorrente se escondendo em algum lugar no cérebro dele, que vinha à tona para arruinar o clima sempre que ele tentava relaxar, como um parente indesejado rastejando por debaixo do seu bolo de casamento. Jimmie se viu confrontado com a ciranda eterna de produção e descontentamento, as meias que não eram do mesmo par, as plantas que murchavam antes de melhorar a qualidade do ar, o pau que você mesmo não pode chupar. A revolução que as pessoas na outra ponta da linha não eram capazes de vislumbrar porque só enxergavam a versão mais confortável delas mesmas. Uma justificativa para sua existência e um vago sentimento de realização num universo que, sem isso, seria silencioso.

"Você não passa uma imagem muito boa daí e tenho a impressão de que não fez nada para tentar me ajudar. Você não liga nem um pouco pro seu trabalho, né?"

"Lamento por não termos conseguido encontrar a solução perfeita para a senhora hoje. Acredito que a senhora possa embarcar em muitas outras jornadas que lhe trariam mais felicidade do que esta. De todo modo, Bath é uma merda tremenda, cheia de museus falsos e canecas da Jane Austen. O que a senhora queria com uma gente que levou séculos pra descobrir seus próprios banhos romanos? E se a senhora tentar dar uma ligada pra um dos nossos concorrentes e perguntar se eles podem levá-la para a Lua? Com lindos astronautas que acariciem seus pés e sussurrem palavras doces e românticas na sua orelha antes de uns crocodilos mágicos com múltiplos órgãos sexuais te comerem? Por que não pede a eles que façam uma almofada com uma nuvem e abanem sua bunda com asas de fadas? Ou até melhor! Por que vocês todos não me deixam simplesmente em paz com a porra dos seus pedidos e resolvem a sua própria vida de merda?"

Jimmie respirou fundo e tirou o fone. Ela tinha desligado quando ele começou a falar sobre astronautas e crocodilos mágicos e agora a voz dela desaparecera para sempre como um objeto perdido no vórtice do sistema de chamadas rotativo. Ele ficou de luto por ela, como por todos os outros objetos preciosos que perdera no metrô, lembretes de que ele nunca tivera a coragem de jogar fora nem um bichinho de pelúcia. Jimmie às vezes imaginava se seus objetos perdidos pensavam nele, se sentiam falta de seu lar acolhedor e confortável. Ele esperava que alguém os tivesse apanhado, tivesse enxergado além de seus status de abandonados e possivelmente ensebados. Que seus cachecóis estivessem agora enrolados no pescoço de outras pessoas, e seus livros sustentados por outras mãos. Talvez eles fossem amados e, em vez de destruídos aos poucos numa plataforma distante, roídos por ratos e micropartículas nervosas, tivessem encontrado um lar melhor para si mesmos. Talvez certa atitude estivesse envolvida na decisão deles de pular para fora de sua bolsa, como um daqueles gatos que um dia só vão embora, orgulhosos demais para olhar para trás. Assim como Henry o deixara aquele dia — muito provavelmente tentado por uma vaca de uma vizinha e se sentindo abandonado por sua mãe e a nova felicidade dela. Depois de todos aqueles anos, Henry sentira falta dos lamentos e das camadas de preto dela, e Jimmie entendia. Ele também sentia falta. Preferia a tristeza à nova vida que ela de repente encontrou fora da pequena família deles. E ele ainda conseguia ouvir o último tapa do gato, o sinal humilhante de que nem sequer um felino ficaria com ele. Às vezes ele desejava que a mãe tivesse de fato cacetado o desgraçado até a morte no chão da cozinha para que ele pudesse se apiedar do gato, e não de si mesmo.

"Que porra foi que você fez com o Simon?"

A ira de Elin destruiu a última chance de ela parecer sensual naquele dia. Seus lábios formavam um traço quase imperceptível acercando seu rosto a alguma representação medieval da morte. Prova de que a cor da ira era branca, não vermelha.

"Ele estava em perfeitas condições quando o deixei. Completamente intacto."

"Ele cancelou o nosso encontro."

"Quem sabe a mãe dele disse para ele não sair com uma estrangeira?"

"Jimmie!"

"A gente nem falou de você. Foi mais para pôr a conversa em dia, eu contei pra ele um pouco sobre a minha família. Foi bem agradável mesmo."

"Desde quando as histórias da sua família são agradáveis?"

"Quis dizer a conversa em si. Foi bem... íntima. Era essa palavra que eu estava procurando." Ao dizer isso, ele começou a apertar e puxar o lábio inferior — o único pedacinho de carne de que ele tinha orgulho.

"Íntima?"

"Sem dúvida pintou um clima."

"Você acha mesmo que pode seduzir alguém contando como a sua avó sufocou por causa de uma abelha?"

"Eu acrescentei alguns detalhes para deixar mais romântico."

"Você mencionou o gato?"

"Henry fez sim uma pontinha."

"E você mencionou que na verdade você tomou um pé do seu próprio gato?"

"Foi culpa da minha mãe."

"Você não cuidava do seu gato e a sua mãe não está bem. Você tem que parar de culpá-la pelos seus rolos."

"Não seja boba. Eu também achava isso — todos aqueles anos passados com camisolas sujas e sofrimento —, era tudo uma farsa. Acontece que somos uma família de atores. Ela estava até de batom no dia em que apareceu e começou a se meter na minha vida. Dali em diante foi tudo ladeira abaixo."

"Batom?"

"Era só pra ela levar o meu almoço, eu tinha esquecido. Tínhamos dois funerais seguidos naquele dia, mas nenhum ia ter comida decente. Sabe, o tipo de gente que esbanja dinheiro numa carruagem de conto de fadas, fingindo que a Cinderela levou seus entes queridos pra dar uma volta, mas depois faz você passar fome."

"Por que você simplesmente não comprou o almoço em algum lugar? E o que é que uma coisa tem a ver com a outra?"

"Como é que eu ia saber que ela ficava tão bonita à luz do dia? E o batom... É aquele tom de vermelho que fazem a partir de besouros esmagados. Os pigmentos naturais sempre arrasam."

"É esse que você está usando agora?"

"Melhor assim. Ele já tinha causado dano o bastante."

"Você não acha que é meio patético ter inveja da aparência da sua mãe?"

"Não quando ela se mete na sua vida desse jeito. Não tem a ver com eu sempre ter parecido a tia de alguém enquanto ela tinha aquelas maçãs do rosto e nunca engordava. A aparência dela me fez perder o emprego. Fez eu me cagar na porta da minha própria casa e me obrigou a trabalhar nessa merda de lugar quando eu poderia estar tocando minha própria funerária a essa altura. Confortando pessoas com problemas de verdade, tranquilizando-as com as minhas histórias inventadas. Você sabe que eu teria sido bom nisso."

"O que foi que ela fez de tão escandaloso? Mamou um cadáver?"

"Agora até você pegou pesado. Assim não vai poder tocar uma creche na floresta — o que os pais vão dizer se você corromper a preciosa prole deles com uma sordidez dessas?"

"Olha só quem fala, a Virgem Maria encarnada."

Ele fez um halo com as mãos e afinou um pouco a voz.

"Eu só queria cuidar das pessoas mortas. Elas não se importam... são criaturas dóceis."

"Talvez seja hora de abrir mão desses sonhos, Jimmie. Talvez você só não tenha talento para se dar bem nessa cidade."

"Isso ainda não é razão pra sair uma segunda vez com um cara que nem o Simon — você não vai querer acabar como a Helena, trepando com o cliente misterioso."

"E o que exatamente *você* estava tentando ganhar no banheiro na sexta passada?"

"O Daniel ainda estava de moletom, foi um arroubo de paixão."

"Você sabe que ele não está disponível, não é? Ele é casado com uma mulher."

"Olha só a gente com os nossos batons baratos, tentando se livrar dos problemas à base de umas trepadinhas."

"Talvez você seja mesmo o filho da sua mãe."

"Pelo menos a gente cuida um do outro. Imagino que tenha sido um acaso você me resgatar do banheiro na última sexta, né?"

"Então agora você quer ser o meu príncipe encantado?"

"É bom você saber que eu não posso arcar com um cavalo."

"Ninguém pode. O Simon tinha um carro, pelo menos."

Ela jogou a mochila nas costas e estava quase na porta quando outra ideia passou pela cabeça dele.

"Elin, querida. O importante é ser feliz, independente das circunstâncias."

"Eu também não treparia com você, querido."

A última coisa que ele viu foi seu dedo do meio, um monograma raro na sua linguagem afetiva, e então ela se foi. E com ela o sonho de que de vez em quando podemos ser alguém perante nós mesmos sem nos sentirmos como algo perante os outros. A essa altura até o dinamarquês misterioso, cuja suposta fama era de já ter trabalhado como dublê de bunda do Leonardo DiCaprio e de ficar lendo *O conde de Monte Cristo*, tinha ido embora, e o silêncio ainda era muito recente para ser confiável. Jimmie ainda conseguia ouvir os ecos dos passos e das vozes das pessoas no escritório. Os botões vermelhos piscavam inclementes diante de seu terceiro olho, uma dança diabólica, um lembrete de que naquele lugar ele nunca seria o único senhor de suas ideias e sentimentos. Ele deixou a cabeça rodar um pouco mais até estar pronto para voar com os demônios e desfrutar de seus mecanismos infernais. Sua alma inutilizada pelas ocupações diárias não parecia um preço muito alto a se pagar por um pouco de leveza. Um momento perdido de liberdade que não tinha para onde ir.

Ele estava cantarolando sozinho quando percebeu alguém parado diante de si. Prevendo o faxineiro português desgostoso, abriu apenas o olho esquerdo.

"Quase esqueci de te dar isso... Já estava na plataforma quando me dei conta."

"Que gentileza a sua voltar."

Jimmie se sentiu imediatamente aliviado pela presença de Fatiha e os demônios vermelhos dançantes desapareceram para um canto longínquo de sua mente.

"O que é?"

"Não sei. O Wolf que me deu. Disse que era importante eu te entregar isso hoje."

"Deve ser um dos lencinhos de bunda dele."

"Ele não é tão mau, Jimmie. Só é alemão... Não sabem ser diferentes."

"Se você está dizendo."

Jimmie pôs o pedacinho de papel dobrado ao lado do mouse, se perguntando se continha a tão aguardada carta de despedida de Wolf. Perdoe-me, meu caro amigo, mas meu amor imortal por minha cabra Bellezza está me obrigando a voltar para as montanhas. O casamento anterior dela com outro pastor significa que teremos de viver em pecado, mas estou preparado para fazer esse sacrifício. Cuide-se, meu amigo. Lembre-se sempre de manter seus lápis apontados e seu traseiro limpo. Cordialmente, Wolf.

"Topa ficar aqui um pouquinho e assistir alguma coisa?"

"Eu adoraria descobrir mais sobre o MacGyver, mas na verdade tenho que correr."

"Divirta-se na sua noitada selvagem, então."

O silêncio voltou a assentar, e Jimmie decidiu dar uma perambulada pelo escritório vazio. Encostar no mouse da mesa de Simon e aproveitar a partilha da mesma superfície com uma velha fantasia. Como o faxineiro estava tomando liberdades com o relógio de ponto mais uma vez, Jimmie julgou seguro ir ao banheiro agora e ficar mais de cinco minutos — um dos benefícios do turno da noite —, para desfrutar de um pouco do alívio que esses espaços supostamente ofereciam sem o medo de perturbar os outros com seus barulhos e cheiros. Jimmie teve calafrios ao imaginar o que o faxineiro encontrava ao esvaziar aquelas lixeiras transbordantes, mas também se sentiu aliviado pelo trabalho de outra pessoa ser pior que o dele.

"Meu Deus! O que você ainda está fazendo aqui?"

"Desculpa, eu derrubei chá na minha camisa e não posso sair assim."

Daniel estava parado na pia, de torso nu, esfregando a camisa. Por um momento Jimmie temeu que sua mente ainda estivesse dançando com os demônios.

"Não faz essa cara, Jimmie. Você sabe que eu ligo para a minha aparência."

"Desde quando?"

"Desde sempre. Não tem nada de errado com uma camisa passada."

"Você também troca os lençóis toda vez que seus pensamentos secretos grudam no tecido?"

"Por que você está parado aí tão longe? Mal consigo te ouvir."

"Prefiro não chegar perto demais, caso você volte a ser dominado pela tentação."

Como se fosse parte de uma família de baleias dormindo, Jimmie ficou imóvel.

"Você claramente não é vigoroso o bastante, meu caro líder de equipe. Se você continuar esfregando desse jeito anêmico, vai ficar aí parado até o dia do Juízo Final."

"Então por que você não me dá uma mão?"

"Estou tentando não demonstrar desejo pela sua pele desnuda."

"Jimmie, por favor. Nós já passamos por isso, e você sabe qual é a minha opinião. Estava muito quente naquele dia e por acaso as coisas ficaram diferentes quando a gente estava vestindo fantasias."

"Por que não tem problema trepar com um palhaço?"

"Nunca mais pode acontecer, entendeu?"

"É nessa hora que você me conta que ama sua esposa e como dá valor à nossa amizade?"

"Mas eu amo mesmo ela. E a minha família é bastante conservadora. Não posso me permitir nenhum escândalo."

"Eu também tinha uma família."

"Eu sei. Mas eu não posso desperdiçar minha vida desse jeito, simples assim. Preciso levar as coisas a sério."

"É claro que você precisa."

"E você conseguiu o que queria, não é?"

Apesar da ofensa, era inevitável que Jimmie se sentisse orgulhoso de ter inventado uma história para salvar o homem que provavelmente nunca quisera ser seu amante. Sua cabeça grisalha cintilante ficando calva, sua corrente de ouro quase fosca e suas curvas, prontas para sacudirem de dor e indignação, ainda mexiam com ele. Ainda faziam seu próprio coração parecer um útero vazio entrando em trabalho de parto, alimentado por um desejo de criação e permanência, ainda que não cuspisse nada além de células debilitadas. Um estado de calamidade em seu peito.

"Não vamos mais falar disso. Boa sorte com a camisa, melhor usar o feminino."

"Espera. Jimmie. Eu estava mesmo querendo perguntar, como foi a sua conversa com o Simon? O Wolf parecia bem preocupado."

"Preocupado?"

"É, ele tentou convencer o Simon a não te demitir."

"Tem certeza de que ele não estava só falando da sua flora intestinal?"

"Sim, o dinamarquês quietão ouviu a conversa deles."

"A Mossad do seu call center também te contou que a Helena ouviu a gente aqui na semana passada?"

Os olhos de Daniel de repente se arregalaram de medo.

"Tá falando sério?"

"A gente basicamente fez um ménage."

"Não tem graça, Jimmie."

"Tenho certeza de que sua nova posição de poder vai te proteger."

"Por favor, me diz que não é verdade."

"Parabéns mais uma vez pela nova função."

Sua mão esquerda já estava encostando na porta, deixando Daniel à própria sorte com o secador de mão instável, quando ele de repente virou. O detetive Columbo apaixonado, mas sem o casaco. Uma pequena sereia sem disposição para ficar muda e morrer pela felicidade de seu amado.

"Quando eu penso em você, faço isso com todo o meu corpo. É real. Eu sei que você não deixaria de dançar por um ano se eu morresse, mas isso não torna o que eu sinto insignificante."

A mão livre de Daniel congelou em cima do grande botão prateado do secador de mão e seus olhos agora estavam tão molhados quanto sua camisa. Jimmie via a outra mão tremer debaixo do branco manchado e conseguia sentir seu coração mais uma vez.

"Me perdoa, Jimmie. Mas eu não consigo fazer isso."

A expressão nos olhos de Daniel fez Jimmie se compadecer, e a pena que sentiu dele foi mais doce que qualquer coisa que tinha experimentado naquele dia. Jimmie se sentiu como a Signora, quando ela de repente emergira do centro do labirinto. Ele se sentiu quase bonito.

"Está tudo bem, não é fácil usar seu batom em público. Senta ali, vou dar um jeito nessa sua camisa."

Na falta de uma mãe italiana funcional, Jimmie se tornou especialista em roupa limpa e objetos quebrados, e depois de apertar o botão prateado algumas vezes, o secador de mão finalmente começou a funcionar. No silêncio induzido pelo barulho ele continuou imaginando a mãe. Talvez tenha sido assim que ela se sentiu depois de sair de casa naquele dia, como se a vida fosse implacável em seu desejo de ser vivida. Olhando para Daniel, agora sentado na privada de uma das cabines abertas, pela primeira vez Jimmie admirou o que sua mãe tinha conquistado. Apesar de seu coração partido. Enfim ele estava pronto para aceitar que ela só não tinha sido capaz de segurar a mão dele por toda a jornada dos dois juntos, mas que ele ainda podia sentir orgulho de seus próprios lábios vermelhos. O peito de Daniel estava cheio e ele segurava a cabeça entre as mãos. Um homem casado e cheio de alegria.

"Prontinho. Me dá seu braço — e agora o outro. Está como nova."

Jimmie foi abotoando a camisa dele com uma ternura que raramente tinha consigo, e quando chegou ao último botão, deu um beijo suave nos lábios de Daniel. Nada para provocar alvoroço. Os dentes cerrados. Os olhos abertos.

"Agora vai lá e seja a sua melhor versão heterossexual."

"Obrigado, Jimmie, querido. *Hamud.*"

"Feliz em poder ajudar."

Daniel sorriu do jeito que as pessoas fazem em velórios, com a deliciosa mistura de tristeza e alívio. Era o fim de um caso e Daniel sabia amar os que se foram, que não havia nada como as imagens daqueles que deixamos para trás. Imagens que você pode suscitar de novo e de novo até que elas correspondam aos cantinhos de sua própria mente. E como um bom cadáver, Jimmie se retirou a uma distância que nunca mais voltaria a ser conquistada.

Seu batom agora estava apagado como as primeiras horas do dia. Vestígios discretos de uma batalha que levariam anos para deixar seu coração. Que eram mais profundos do que as cicatrizes à mostra em sua pele. Pigmentos minúsculos que dividiriam suas texturas internas antes que uma hora elas fossem varridas pelas enxurradas sombrias do tempo interior. Os circuitos e desejos de seu músculo mais persistente o forçando, a cada batida, a tentar aproveitar aquela porra de vida.

Depois de um tempo, Jimmie ouviu os passos de seu amante desaparecerem, mas estava cansado demais até para suas próprias lágrimas e a inevitável autoaversão que elas acarretariam. Ele decidiu desfrutar de sua liberdade e desbloquear a tela do celular para dar uma olhada nas mensagens e ver se mais alguém o decepcionara.

"Dei o seu almoço para uma moradora de rua no caminho de casa. Ela vai querer o macarrão com algumas almôndegas da próxima vez."

Os suecos e essas merdas de almôndegas deles. Jimmie já tinha falado mil vezes para Elin que macarrão, e principalmente salada de macarrão com almôndegas era uma profanação da comida italiana e, como a maioria das profanações, vinha dos Estados Unidos. Jimmie nunca tinha ido para lá, mas sabia que era um lugar sem cultura e sem comida de verdade. Sem história de verdade também, exceto a da violência que eles negavam. Os Estados Unidos eram um irmão mais novo irritante sem nada para se vangloriar além de genocídios não reconhecidos e dentes imaculados. Jimmie tinha pavor daqueles dentes americanos que brilhavam no escuro, e sempre que os via em pôsteres ou revistas queria pintá-los, porque o lembravam da diferença entre um corpo rico e um pobre.

Esta era provavelmente a hora certa de se arrastar de volta para a funerária. Jimmie precisava se livrar do seu aborrecimento e compartilhar aquele refúgio com a mãe — se comportar como boas raposas em um covil —, porque de outro modo a pobreza o abateria. Um corpo só é seu de verdade se você pode arcar com dentes e uma pele sadia, membros flexíveis e sangue limpo. Mas uma vez que você começa a depender de sistemas externos para mantê-lo, sistemas que estão além do seu controle e do seu salário, seu corpo se torna um objeto descartável, partilhado com as massas. Jimmie tinha pavor desses mecanismos e do corpo com o qual ele logo não poderia mais arcar.

Encarando a mensagem de Elin, pensou na avó e em sua vista ruim que ela se recusava a tratar, a qual significava que ela não conseguia de fato ver o próprio corpo ou o dos outros ou a direção de uma faca elétrica. Por muitos anos antes de morrer, ela não foi capaz de testemunhar suas crescentes imperfeições, as rugas que a idade traçou em todo o seu corpo, as veias que explodiram debaixo de sua pele. Os ossos que pareciam crescer uns sobre os outros e desafiar sua anatomia. Ela poderia tê-los sentido se quisesse, mas Jimmie sabia que os dedos dela haviam sido ensinados a não confiar nas tentações da própria pele, e que ela encarava qualquer aquecimento do hálito como sinal de doença. Impossível enxergar a tal abelha com seus olhos. Ela pareceu muito contente naquele caixão refrigerado que chupinhava o equivalente a vários meses de energia, como se tivesse chegado a um acordo tácito com a abelha para que lhe desse a picada fatal e todos os seus parentes caíssem em seu truquezinho idiota. Como se tivesse escolhido morrer num domingo ensolarado de junho. Jimmie invejava a fé que ela tinha em seu corpo sólido e desejava que em breve ele também pudesse ser dispensado de ter que lidar consigo mesmo diante do espelho. Desejava só confiar que os outros inventariam uma história superior a alguma coisa que coubesse entre a ponta dos dedos. Que as palavras seriam maiores do que ele pensava serem as suas condições.

Ele suspirou. Agora que sabia que não tinha comida nenhuma, estava morrendo de fome e o faxineiro português desgostoso com a chave mágica para a máquina de venda automática nesse meio-tempo tinha tomado chá de sumiço e, como sempre, Jimmie estava sem trocados. Elin tinha derrotado sua ganância desta vez e ele conseguia imaginar duas bundinhas cor-de-rosa de filhote de gato dançando nos ombros dela, rindo da defesa deplorável dele.

"Fala pra ela que nem fodendo. Almôndega é coisa de cachorro."

Guardou o celular. No silêncio pesado daquela noite de sexta-feira, ele podia ouvir seus batimentos cardíacos como uma baleia levada pela correnteza para longe da família. Sozinho com o fluxo e refluxo da própria mente, Jimmie sentia os medos crescerem como monstros saindo do guarda-roupa de uma criança, dominando seus sentidos um depois do outro. Sem poder se esconder atrás de outros corpos e seus barulhos, ele começou a contar as horas até que pudesse ir embora, e as doces melodias de seu interior ermo tivessem que retroceder e se render às sensações de um mundo compartilhado com outros. Ele quase agradeceu quando o botão vermelho piscou, e os demônios dançantes voltaram para iluminar a escuridão interior.

Uma variação

Ele tinha uma voz de algodão-doce — melosa e cor-de-rosa. Jimmie respirou fundo. Dava para sentir o ar brincando com suas narinas, o calor que de repente o preenchia desde o interior. Uma promessa de alegria que relaxou suas feições. Havia uma mão também, segurando a dele enquanto esperava por seu algodão-doce envolto num palitinho de madeira. Uma mão que sacou algumas moedas e pagou a mulher atrás da máquina, uma mão que o fazia se sentir pequeno e protegido. Como se ele ainda tivesse dentes que voltariam a nascer e dedos que pudesse lamber em público. Como se a vida realmente cheirasse a açúcar derretido.

"Boa noite. Meu nome é Jimmie, eu acho. Como posso ajudar?"

"Deve estar muito tarde para você."

"Não se preocupe, senhor. Estou acostumado a fazer o turno da noite."

"Pode me chamar de Alex."

"Perfeito, Alex."

"Qual é o seu nome mesmo? Eu sempre tenho dificuldade de entender o nome das pessoas."

"Jimmie. Meu nome é Jimmie."

"Que fofo. Jimmie. É um apelido?"

"Não, a minha mãe gostou assim mesmo. É meio ridículo. Um nome que outras pessoas dariam a um poodle."

"De jeito nenhum. É um nome muito bom — a sua mãe escolheu bem."

"Obrigado, é muita gentileza."

"Você deve gostar bastante dela."

"Nem sempre é fácil."

Jimmie gostava do jeito da risada dele, densa e acolhedora.

"O que é tão difícil nela?"

"Tudo. Ela é italiana. É depressiva. Me fez perder o meu gato e o meu emprego. É uma lista bem grande e bem imperdoável."

"Você é italiano?"

"Mais ou menos. A gente se mudou para Londres quando eu era pequeno."

"Mas?"

"Eu tenho o cabelo de italiano, quanto ao resto, já não sei."

"À noite todos os gatos são pardos, imagino."

"Sim. E às vezes eu acho que poderia ser qualquer coisa e fico com medo de que a realidade esteja se dispersando pra longe de mim. Trabalhar com gente morta era tão mais fácil."

"Você falou 'gente morta'?"

"É, eu era ator numa funerária. Mas quando a outra mulher ligava dizendo que estava doente — e ela ligava muito dizendo que estava doente —, eu também ajudava o sr. Nobes a preparar os falecidos para o momento final deles."

"E não era muito assustador?"

"Você se acostuma bem rápido. E pode acreditar, é muito mais assustador lidar com reclamações de gente viva do que passar um pouco de maquiagem num cadáver simpático."

Alex deu risadinhas de novo e, a julgar pelo tom de sua voz, Jimmie imaginou os pelos grisalhos em seu peito. Indo para cima e para baixo com apenas um oceano entre eles.

"É esse o trabalho que você perdeu por causa da sua mãe?"

Jimmie parou para pensar por um momento.

"Os seus pais já te obrigaram a fazer coisas que você não queria?"

"Um monte de vezes."

"Minha mãe nunca se deu ao trabalho, até recentemente. Levei um tempo pra entender que nós dois só estávamos tentando ser felizes. Que talvez a culpa não tenha sido só dela quando as coisas no trabalho saíram do controle."

"Lá na funerária?"

"Eu sempre tentava inventar uma nova história para os cadáveres solitários, só que um dia, o sr. Nobes não quis que eu fosse o filho do gêmeo separado no nascimento. Ele quis que eu fosse a irmã."

"Ele te pediu para atuar como drag?"

"Tive que roubar um dos vestidos da minha mãe."

Jimmie foi obrigado a pôr o maior vestido que conseguiu encontrar no guarda-roupa dela, o que ela usara nas últimas semanas antes de o dar à luz. Fiel à sua tristeza eterna, aquele vestido também era preto. Ainda assim ele se sentiu mais protegido pelo vestido do que jamais fora por ela, e por um momento ele só ficou parado ali, finalmente próximo à mulher de quem ele sabia tão pouco. A barriga agora preenchia o tecido onde ele mesmo estivera, só que desta vez sem brigar com a mãe por aquele espaço, e ele até ajeitou os cachos para ficarem parecidos com os dela. Emergindo do mundo oculto debaixo dos lençóis da mãe, ele decidiu até usar seu esmalte escuro e uma borrifada do seu perfume. Sentiu a fragrância que por um momento lhe deu a impressão de que os dois estavam fazendo aquilo juntos num lugar ao qual ambos pertenciam.

"O sr. Nobes disse que era necessário poder oferecer a seus clientes mais variedade e que para alguém como eu isso não seria difícil. Aposto que foi por causa da recente presença de minha mãe na vida dele, ela sempre dá um jeito de invadir a cabeça das pessoas."

"Ela é má?"

"Ela parece aqueles bichos que você acha que são lentos, mas na verdade são super-rápidos. Como um cágado ou um javali. Só que mais bonita."

Alex estava rindo.

"Desculpa. Continua. Eu tomei uma taça de vinho no almoço que me deixou alegrinho."

"Pelo menos você almoçou."

"Você não?"

"A minha colega sueca deu meu almoço pra uma moradora de rua na tentativa de me deixar menos..."

"Cheinho?"

"Gordo. Pra ser sincero. Eu sei que você não consegue me ver, mas de que adianta esconder?"

"Eu sou velho o bastante para flertar de olhos fechados."

Jimmie gostou desse desconhecido.

"Enfim. Me conta mais da sua mãe cágado-javali misteriosa."

Ele tinha saído cedo para trabalhar naquele dia. Nunca tivera a habilidade da mãe de atravessar seus dilemas dormindo. A tristeza dele nunca funcionava como uma canção de ninar, nem as histórias cresciam dentro dele feito mato. Ele costumava se perguntar o que acontecia debaixo daqueles lençóis quando os olhos dela estavam abertos.

"Não fazia muito tempo que Nobes tinha me dado as chaves da funerária, e às vezes sentar junto dos mortos por um tempo me ajudava. Tornava as minhas performances mais convincentes, as histórias que eu contava sobre eles pareciam mais reais. Como se tivéssemos de fato nos conhecido."

"Estou morrendo de vontade de saber que história você contaria sobre mim."

"Eu nunca cruzei o oceano de avião para um velório."

"Na verdade eu não moro mais nos Estados Unidos. Só estou aqui a negócios."

"Mas você não me passa a impressão de um imigrante solitário. Não soa encalhado num lugar de onde não sabe mais como ir embora."

"Aqueles cadáveres te ensinaram muita coisa, não?"

"Mais do que os vivos."

"Quem era a pessoa naquele dia que você experimentou o vestido da sua mãe?"

"Um italiano. Antonio. Bem bonitão. Podia ter sido um cafetão napolitano."

"Bonito como um paizão?"

"Não sei. Nunca conheci meu pai, mas quando sentei lá com aquele homem" — Jimmie corou ao se lembrar do corpo do defunto — "não achei que o meu pai podia ter se parecido com ele. O bigode e aquelas mãos que tinham ficado grossas de trabalhar numa cozinha ou na terra."

"Você ficou excitado?"

"Ele estava morto."

"Isso não responde à minha pergunta, Jimmie."

"É contra a lei."

"Gostar de um paizão?"

"Trepar com um cadáver."

"É bem difícil também, imagino. As coisas devem ficar um pouco rígidas."

"Isso depende de quanto tempo faz que eles morreram. O povo aqui não é muito rápido pra enterrar os entes queridos — em Londres você tem até que entrar na fila pra ter a sua própria cova. A não ser que seja um troço judaico ou muçulmano, eles costumam estar macios quando passamos a maquiagem neles."

"Eu adoro funerais judaicos. Quase mais que os casamentos deles."

"Nunca fui a um casamento judaico."

"Você deveria ir. É bem divertido. Não tem nada melhor que um judeu numa pista de dança. Você não tem nenhum amigo judeu?"

"Tenho."

"Mas?"

"Ele já é casado."

"Sinto muito."

"Tudo bem. Imagino que eu não seja mesmo pra casar. Não sou muito bom em satisfazer as expectativas das tias."

"Acho que ninguém é. Ou talvez seja porque eu nunca tentei — sempre eram tios no meu caso."

"Obrigado."

"Por quê?"

"Você está sendo muito gentil. Não faz ideia de como as minhas chamadas costumam ser."

"Não sou um cara muito comum."

"E eu nem perguntei qual é a sua emergência."

"Isso porque nós estávamos ocupados discutindo as suas emergências. Você parece ter muitas."

"Sou italiano. As emergências são um estilo de vida para nós. Mas qual é a sua?"

Alex suspirou. E Jimmie imaginou seus dedos brincando nervosos com o lápis que tinha achado na mesa de cabeceira. O algodão-doce agora estava um tom mais escuro, mais pesado — como se tivesse sido empurrado para o mundo num dia chuvoso.

"É uma emergência em curso, por assim dizer. Já faz tempo demais."

"Desde?"

"Você estava certo antes; eu tenho sim amigos e tal. Saio para drinques e jantares e shows, mas não tenho ninguém que me faça sentir menos sozinho. E agora virou um hábito bobo sempre que viajo, e talvez essa seja a razão de eu viajar tanto assim."

"Telefonar pra números de emergência? Vai ver que é isso que a minha mãe tem feito todos esses anos..."

"Mas não sou muito bom em inventar histórias. Não fui treinado pelos mortos."

"Por que você não tenta um aplicativo de encontros em vez disso?"

"É sempre tão óbvio o que você está procurando e não consegue encontrar. E eu nunca superei o medo de tudo o que pode dar errado."

"Medo de se machucar?"

"Eu fui a muitos funerais nos anos 80 e 90 — nossos corpos tiveram que testemunhar muita tristeza. Não parece certo eu ainda estar aqui enquanto todos eles já se foram. Então, quando as coisas se tornam físicas, eu saio correndo."

Jimmie pensou no vírus sobre o qual todos aprenderam na escola, que tinha de alguma forma se deslocado de outros animais para a corrente sanguínea dos humanos. Ele pensou em como o vírus se tornara uma maldição, permitindo que todo tipo de gente falasse que os corpos dos Outros eram corpos doentes. Que eles não apenas carregavam vergonha, mas também doença. Como tinha marcado aqueles corpos como diferentes, feios, como uma coisa em que nem uma enfermeira quer encostar. Ele pensou em como tão pouco tinha sido feito para proteger as pessoas que vieram antes dele e nas campanhas desesperadas de camisinha que ilustraram sua própria juventude. O medo que elas tentavam incutir e a tristeza que ele agora sentia quando pensava naqueles pôsteres, como se houvesse uma conexão que o vírus e seus rebentos tivessem instaurado entre as pessoas e diferentes épocas. Não apenas esse vírus notório, que costumava viajar por meio do prazer das pessoas, mas todas as doenças que passaram de corpo para corpo ao longo dos séculos para formar comunidades independentes de família, fronteiras ou religião. Pensou que havia algo que os mantinha unidos, algo que demolia os limites estabelecidos entre todos aqueles corações pulsantes. Essas coisas não nasciam do nada. Nada nunca nascia. Fossem ricos ou pobres, todos os corpos nasciam sem solidão.

"É só disso que você tem medo?"

"Não é suficiente?"

"Todos nós temos que morrer de alguma coisa, mesmo que você nunca mais trepe com outra pessoa pelo resto da vida."

"Você é terrível, Jimmie. Passou tempo demais com os mortos."

"Nós dois, não?"

Ficaram um pouco em silêncio.

"Vai ver que a gente não gosta de ser visto."

"Você também é gordo?"

"Não é isso."

"Foi o que eu pensei. Você soa bem atraente, como uma pessoa que se mantém em forma."

"Tenho a impressão de que você está lendo a minha mão."

"Vou ser gentil."

"O que mais você consegue ouvir na minha voz?"

"Algo que diz que você não se sente à vontade usando calças."

"Sem dúvida está ficando mais quente. Continue."

Jimmie conseguia ouvir ele mudando de posição: pequenos movimentos para um acolher o outro. Ele gostou de sentir a própria ereção roçando contra o tecido da roupa íntima, o calor se espalhando entre suas pernas, deixando sua respiração os levar para o primeiro silêncio.

"Vai, me fala o que você está vendo, Jimmie."

"Estou vendo as suas mãos. Os seus dedos delicados. Sentindo eles brincarem com os meus lábios, carnudos e macios, que estão com vontade de chupar os seus dedos. Quero que você esfregue o batom na minha boca e eu quero chupar os seus dedos, Alex. Eu quero chupar eles até você ficar molhado. Eu quero..."

"Seja bonzinho, Jimmie. Me fode como uma garota."

"Só deita, Alex. Deita pra mim de costas e deixa eu beijar o seu pescoço e cheirar sua pele macia. Deixa eu sentir o gosto dela, morder. Deixa eu lamber os seus mamilos e sentir eles ficando duros. Sentir a sua pele na minha pele. Beijar o seu corpo inteiro, as suas curvas. Quero você, Alex, quero sentir o gosto da sua barriga e dos seus quadris. Quero abrir as suas pernas e brincar com o que você tem ali. Eu posso abrir as suas pernas, Alex?"

"Pode, Jimmie. Pode."

"Tá sentindo a minha cabeça no meio das suas pernas? O meu cabelo encostando em você?"

"Tô."

"Tá sentindo a minha língua macia te lambendo?"

"Tô. Continua."

"A minha língua tá quente e molhada e a minha mão tá chegando lá no seu botãozinho. Consegue sentir meus dedos entrando em você? Estou em você agora, Alex. É tão gostoso aqui dentro. E vou começar a te chupar, Alex. Posso começar a te chupar?"

"Pode. Ah, pode."

"Vou deixar meus dedos dentro de você, aí você vai se sentir completa. Como se estivesse explodindo. Tô te chupando agora, Alex. Fazendo um carinho naquele lugar entre os seus furos com a outra mão, pra você me sentir em toda parte. Agora meus dedos estão indo mais rápido, entrando e saindo e eu estou te chupando e seus lábios tão cheios e inchados agora. Sinto seu gosto e aí eu vou mais fundo. Eu te engulo inteira. Agora eu agarro sua bunda e você pega o meu cabelo e me empurra mais fundo. Você passa as pernas em volta de mim e eu te chupo com força. Meu cuspe escorrendo na sua boceta."

"Tô quase."

"Goza pra mim, Alex. Quero sentir o gosto da sua porra. Goza só pra mim, goza na minha boca. Eu quero te engolir. Seja uma boa menina, Alex. Me dá a sua porra."

Jimmie fechou os olhos e conseguiu ouvir que os movimentos dos dois estavam sincronizados. Ele roçava os próprios lábios e chupava os dedos antes de sentir a sua própria fraqueza vindo. A contração profunda que chegou antes do momento que achava impossível de lembrar, como o segundo antes de cair no sono. Mudando um pouco de um estado para outro, mas ainda no mesmo corpo — imóvel e ainda assim de olho em uma nova constelação. De repente um luminar livre.

"Você está bem?"

"De que cor são seus olhos, Jimmie?"

"Castanhos. Mas não do tipo bem excitante e bem escuro, quase preto, mais para um castanho-claro. Da cor de lama corrente e mortal que acompanha desastres naturais. Não dá muito para você se ver nos meus olhos. E a dos seus?"

"Meus olhos mudam com a luz, mas acho que estão mais para cinza."

Jimmie conseguia imaginá-los. O tipo de cinza que surge no céu logo depois de o sol desaparecer. Os últimos restinhos de nuvens antes de o verdadeiro escuro se assentar, antes de a noite assumir.

"Tenho certeza de que são lindos. Igual à sua voz."

"Você sempre pega esse turno, Jimmie?"

"Na maioria dos dias, sim. Tento fugir da minha mãe o máximo possível."

"A sua mãe. A gente nunca terminou a história da sua mãe."

"Não sei se dá pra fazer isso."

"Mas você estava me contando uma história. Desculpa, eu não fico com um tesão desses há muito tempo, e acho que estou meio sonolento."

"Vai descansar um pouco."
"Posso te ligar de novo?"
"É só perguntar pelo Jimmie."
"E você promete que vai me contar a história da sua mãe da próxima vez?"
"Prometo."
"Obrigado, Jimmie."
"Durma bem, Alex."
"Você foi maravilhoso."

A história da mãe dele. Uma história como outra qualquer, coisa que divertia um desconhecido, mas que já não feria seu próprio coração. Talvez ele devesse ficar feliz por ela, assim como estava por Alex e por todo mundo que vai atrás de um orgasmo e consegue se aliviar. Era sua culpa também. Se ele tivesse aprendido a tomar cuidado com o almoço, não teria que ter pedido para a mãe lhe levar no dia em que ela acabou conhecendo o sr. Nobes, umas semanas antes da vida dele ficar de pernas para o ar. E ela não teria sido obrigada a deixar a caverna escura do seu quarto como se fosse uma criatura que esquecera de parar de hibernar. E ela e o sr. Nobes não teriam visto um lance um no outro, algo que ele não enxergava em nenhum deles. Duas peles ávidas por consolo.

Pouco depois, certa manhã Jimmie chegou cedo, sentindo que o mundo era tranquilo e receptivo, como se pudesse se dobrar nas beiradas daquilo que chamamos de realidade. Era seu primeiro funeral italiano com o sr. Nobes. Um homem italiano. Eles nunca duravam muito, como se toda a vida boa com que nasciam fosse enfim vencida por uma espécie de pesar que entupia as veias e pulmões. Até que as próprias células se voltavam contra todo o prazer e atacavam seus órgãos vitais como um exército de soldados desertores, desvairados com fome e medo. Arrancando o que nenhum remorso seria capaz de consertar.

Jimmie estava nervoso aquele dia, alisando o tecido de seu grande vestido cheio de expectativa. Foi durante aquelas semanas que o sr. Nobes começara a chegar atrasado, variando os hábitos que costumavam defini-lo. Jimmie estava sozinho com um defunto que já se chamara Antonio e que agora jazia em um dos caixões medianos do sr. Nobes — madeira de verdade, mas sem seda autêntica. No meio do caminho entre uma vida que valia a pena e a desgraça. Uma migração que deu errado. E olhando para os pelos imóveis de seu bigode, Jimmie esqueceu como atuar. O rosto de Antonio ainda não tinha sequer sido tocado por aquele momento lindo da vida em que não importa mais se você já foi homem ou mulher, menino ou menina. Antonio ainda era jovem o suficiente para todo mundo saber que ele tinha um pau, que era filho de alguém, pai ou amante — e Jimmie se apiedava dele. Pressentia os limites e confins nos quais Antonio talvez nunca tivesse pensado. Ele não podia deixá-lo ir assim — um imigrante italiano que muito provavelmente trabalhara como cozinheiro ou garçom e que nunca aprendeu a pronunciar as palavras "pão" e "frouxo". Longe de casa, Antonio precisava de um último momento de transgressão, alguma coisa para reconciliá-lo com o esmaecer definitivo dos pulsos de seu coração. Com a ausência de uma família. A mãe de Jimmie sempre lhe dizia que os mortos tinham dignidade, que era pecado perturbar sua paz. Mas Jimmie também sabia que a dignidade era uma maldição — um obstáculo — e ele passou a pensar em seu feito como um ato de cuidado. Ele se via como uma das famosas prostitutas de Jesus, tomando conta de um corpo prometido às portas do paraíso. Ele ainda conseguia sentir o cheiro do creme de embalsamamento que esfregaram tão generosamente na pele de Antonio e, para ser sincero, também sentia o gosto. Jimmie preferiu não permitir que todos os seus sentidos se lembrassem daquele dia, mesmo que tivesse passado a gostar de Antonio mais tarde, do sorriso que parecia ter se alargado no rosto do defunto. Ele sabia que provavelmente tinha cometido um crime quando se debruçou para ficar mais perto de Antonio, sabia que ele era uma criatura caída com pouca esperança de redenção e mesmo assim, enquanto se enternecia pela serenidade da pele do outro — sem risco ou medo de ser julgado, sem a noção de que a família era um teatro —, alcançou a virilidade de Antonio e abriu sua camisa colorida; beijou sua pele de pelos delicados e deitou a cabeça em seu peito nu, o sangue em seus ouvidos pulsando como se quase pudesse ouvir outro coração, e então Jimmie entendeu pela primeira vez a intimidade silenciosa da pele que já não se aferrava aos mistérios de um corpo formado. Que ele poderia ir ao seu encontro sem medo, certo de que a pele não precisa cobrir a própria carne para lhe pertencer. Era isso o que o amor poderia ter sido.

Depois Jimmie arrancou um fio de cabelo do topete de Antonio e o guardou em sua carteira, atrás da foto da mãe. Sempre que olhava para os dois, travados naquela união secreta, Jimmie era dominado pelo sentimento de estar em família.

Ele ainda estava com medo da descoberta que fizera ali debruçado sobre o caixão com seu primeiro defunto italiano, enquanto tentava deixar tudo arrumado outra vez. Suas mãos estavam trêmulas demais para fechar o último botão quando de repente percebeu Nobes parado atrás dele. Ainda sentia a vulnerabilidade do traje feminino que vestia seu corpo, ainda conseguia ouvir o nome de sua mãe sussurrado naquele sotaque inglês impossível que moldava cada vogal como se suas línguas estivessem prestes a morrer.

"Acho que já está na hora de te contar, eu amo sentir o perfume da Maria logo de manhã."

Se ela tivesse ficado no quarto dela naquele dia semanas atrás, se ela não tivesse levado seu almoço, se não fosse sua obsessão com salada de macarrão, Jimmie não teria gritado e derrubado o sr. Nobes com seu corpo pesado antes de o homem míope se dar conta de que havia alguns botões abertos dentro do caixão. Se a mãe dele tivesse ficado em casa naquele dia, ele não precisaria ter saído correndo pela rua com sapatos que não serviam, com um sentimento de que perdera o lar mais uma vez. E talvez ele não precisasse ter se arrastado para cabines de banheiro laranja em busca de privacidade caso conseguisse pensar em outra coisa que não a sensação da merda escorrendo por suas pernas recém-raspadas.

Jimmie de repente percebeu que não estava mais sozinho, e rolou a cadeira um pouco para a frente, de modo a se livrar dos resquícios de sua excitação.

"Qual é o seu nome mesmo?"

"Perdão?"

"Seu nome. Eu sempre esqueço o seu nome."

O faxineiro português desgostoso empunhava o aspirador de pó como um bastão de kendo mais uma vez, e Jimmie ficou feliz de pelo menos ter se lembrado de fechar o zíper da calça. Ele nunca perguntou o nome dele, mas não importava.

"Jimmie. Meu nome é Jimmie."

"Olha só, Jimmie. Eu tive uma emergência hoje. A minha esposa está doente. Você não me viu chegando atrasado, beleza?"

Ele estava prestes a reclamar e pedir um chocolate quente em troca, mas continuou calado, se deu conta de que tinha deixado uma mancha impressionante no teclado de Wolf.

"Claro. Eu também estava lidando com uma emergência."

"E por que você está tão feliz com isso?"

"Feliz?"

"Você está sorrindo. O que é que tem de bom aqui nesse buraco?"

"Nada. Desculpa. Só estou cansado, perdi o controle sobre as minhas expressões faciais."

Jimmie sabia que corria o risco de ser espancado até a morte com um aspirador de pó disfuncional, mas sua felicidade era muito teimosa.

"Eu não comi o dia inteiro. Estou um pouco fraco."

"Acho que isso não vai te fazer mal nenhum."

Ele saiu, arrastando o odiado aspirador de pó a caminho da máquina automática, e Jimmie continuou sorrindo, afeiçoado até ao faxineiro desgostoso e suas ameaças muito maldisfarçadas. Era possível que ele tivesse a palavra ÓDIO tatuada no pinto, mas hoje à noite Jimmie o achou enternecedor e sentiu uma ternura pelos sonhos que talvez tivera um dia, antes de chegar a esta ilha. Era daquelas simpatias que se sente pelas pessoas antes de dizer adeus. Jimmie de repente se deu conta de que não teria que voltar, que Alex o libertara porque nem sequer sua melhor história o livraria de ser imediatamente suspenso por transformar a preciosa linha de atendimento ao cliente numa cabine telefônica com peitos falsos e vaginas imaginárias. Ele sabia que as ligações de emergência eram muito populares para fins de treinamento e que ter uma transa gostosa por ligação no trabalho com certeza não estava no manual deles. Ele achou que tinha se saído bem, mas sabia que teria que voltar outra vez para o fundo do mar e esperar as ondas deixarem o ocasional raio de sol passar. Até que outro desastre fizesse as pessoas caírem de joelhos e as impedisse de deixar rastros por todo o globo. Sem mais pegadas estrangeiras na floresta tropical e sem mais vestígios de comprimidos e euforia estrangeiros na água que corre por todas as cidades, bichos de estimação, plantas e corações.

Jimmie ia esperar. Ia pensar em Alex, o desconhecido de olhos cinza que fizera dele o amante que ele nunca seria, uma fantasia que tinha passado brevemente pela terra e que por um momento lhe permitira acreditar que corpos não eram reais. Que o fizera ser levado à deriva para outra galáxia e o ensinara que o amor era maior do que apenas um único coração, que havia magia em todas as migrações e que a liberdade era um luxo.

E então Jimmie decidiu só levantar e ir embora sem voltar a ver o faxineiro. Ele desligou o computador, tirou o fone ensebado e juntou suas coisas — pronto para o ônibus noturno, aquele aquário de criaturas estranhas que não conversavam, mas sempre se maravilhavam com as formas e os sons umas das outras. Pronto para ser carregado noite adentro, seu corpo sossegado e leve. Para ser deslocado sem ter de dar nenhum comando, quase contra a sua vontade. Na luz fraca do ônibus, ele finalmente abriu o bilhete de Wolf. Era o pinto que tinha desenhado mais cedo no caderno dele.

"Não sei os italianos, Jimmie, mas a partir de certa idade, os alemães têm pelos nos testículos. Permita-me então corrigir a sua obra de arte."

Enquanto observava os pelos pubianos mal desenhados, ele se inclinou contra o vidro — os galhos das árvores roçando no teto do ônibus como se fossem desconhecidos pedindo ajuda — e por pouco não admitiu que ia sentir saudades dele.

Agradecimentos

A Joachim, pelo falafel, masmorras e tudo mais que uma escritora pode esperar.

A Olivier, por continuar permitindo que isso aconteça.

A Heidi, por sua coragem e determinação.

A Chris, Gabriela, Maxence e Anna, por fazerem sua mágica.

A Nicky, pela caminhada no Hyde Park.

A Susie, pela fé nesta aventura.

A Phoebe, Josh e todo mundo na Indigo Press, pela calorosa acolhida.

À bela Miriam, por salvar o dia.

A Jane, pelo gelo sob os meus pés.

A Rita, Fernanda, Beatriz, Ana Luiza e todo mundo da Fósforo, por serem maravilhosos.

A Fabio, por me deixar aprender mais sobre ele.

A Andrée, Marta, Diletta, Luca e todo mundo do Teatro Franco Parenti, por realizarem um milagre.

A Camille, por tudo o que vem pela frente.

A Laurence, por se revelar uma velha que ama cachorros.

A T., por ser minha esposa.

A Sam, por ser mais glitter do que louca.

A Stephen, por toda a alegria que traz para as nossas vidas.
A Peter, por tomar conta de nós.
A R.L., por tornar as coisas suportáveis.
A Adam, por me deixar ler partes do *Ulysses*.
A Florian, por nossos *sitzungen*.
A Rahel, pela cama vermelha.
A Michael e Valentín, por fazerem Paris parecer um lar.
A Richard, por ser nosso *paizão* em Berlim.
A Milena, por nossos cafés da manhã de robe.
A Katrin, por ser minha parceira de call center.
A Camillo, pelo nosso clube do livro.
A Marya, por compartilhar o sonho de cinco dias de silêncio.
A Paul, pelo chá em seu estúdio.
A Rémi, pelo café que vamos tomar um dia.
A Matthew, por voltar a Londres às vezes.
A Sergey, por me manter sã.
A Myshkin, por ser o melhor merdinha.
A meus pais, por não me deserdarem.
A Maurizio, por dividir sua vida comigo.

A marca FSC® é a garantia de que a madeira utilizada na fabricação do papel deste livro provém de florestas gerenciadas de maneira ambientalmente correta, socialmente justa e economicamente viável e de outras fontes de origem controlada.

Título original: *Wonderfuck*

DIRETORAS EDITORIAIS Fernanda Diamant e Rita Mattar
EDITORA Eloah Pina
ASSISTENTE EDITORIAL Rodrigo Sampaio
PREPARAÇÃO Julia Bussius
REVISÃO Adriane Piscitelli e Fernanda Campos
DIRETORA DE ARTE Julia Monteiro
CAPA Laila Szafran
PROJETO GRÁFICO Alles Blau
EDITORAÇÃO ELETRÔNICA Página Viva

Dados Internacionais de Catalogação na Publicação (CIP)
(Câmara Brasileira do Livro, SP, Brasil)

Volckmer, Katharina
A ligação: (ou Uma transa gostosa) / Katharina Volckmer ; tradução Érika Nogueira Vieira. — 1. ed. — São Paulo : Fósforo, 2024.

Título original: Wonderfuck.
ISBN: 978-65-6000-046-9

1. Romance alemão I. Título.

24-213349 CDD — 833

Índice para catálogo sistemático:
1. Romances : Literatura alemã 833

Aline Graziele Benitez — Bibliotecária — CRB-1/3129

Editora Fósforo
Rua 24 de Maio, 270/276, 10º andar, salas 1 e 2 — República
01041-001 — São Paulo, SP, Brasil — Tel: (11) 3224.2055
contato@fosforoeditora.com.br / www.fosforoeditora.com.br

Este livro foi composto em GT Alpina e
GT Flexa e impresso pela Ipsis em papel
Pólen Natural 80 g/m² da Suzano para a
Editora Fósforo em julho de 2024.